JN416127

신화의 이해

김동섭 지음

신아사

김동섭

성균관대 불문과를 졸업하고 빠리 5대학에서 언어학으로 박사 학위를 받았다. 전공인 프랑스어 외에도 〈언어와 문화〉, 〈언어와 신화〉 등의 교양 과목에도 관심이 많다. 현재 수원대학교 프랑스어문학과 교수이다. 저서로는 『언어를 통해 본 문화 이야기』, 역서로는 『불어사』, 『서양 중세의 삶과 생활』 등이 있다.

http://spidkum.suwon.ac.kr

E-mail : spidkum@suwon.ac.kr

신화의 이해

1판 1쇄 발행 _ 2013년 3월 1일
1판 2쇄 발행 _ 2016년 8월 30일

저　자 · 김 동 섭
발 행 인 · 정 현 걸
발　행 · 신 아 사
인　쇄 · 예지인쇄
출판등록 · 1956년 1월 5일 (제9-52호)
주　소 · 서울특별시 은평구 통일로 59길 4 (2F)
전　화 · 02)382-6411 · 팩스 02)382-6401
홈페이지 · www.shinasa.co.kr
E-MAIL · shinasa@daum.net

ISBN 978-89-8396-810-4(93210)
저자와의 협의로 인지를 생략합니다.

정가 14,000원

들어가며

폴란드의 옛 수도였던 크라코프에는 유대인 랍비 제켈과 그의 아들 아이시크가 살고 있었다. 그들의 삶은 고단했지만 신에 대한 경외와 믿음은 잃지 않았다.

어느날 아이시크는 꿈을 꾸었다. 멀리 체코의 프라하에 있는 보헤미아의 왕궁에 가서 다리 밑에 숨겨진 보물을 찾으라는 것이었다. 아이시크는 신기한 꿈이라고 생각했지만 꿈 때문에 프라하까지 갈 생각은 없었다. 그러나 똑같은 꿈을 세 번 꾸자 아이시크는 프라하로 떠난다.

프라하에 도착한 아이시크가 왕궁으로 가는 다리에 이르렀을 때 그는 절망하고 말았다.

경비병들이 철통같이 수비를 하고 있었기 때문이다. 그러나 믿음과 경외를 가진 아이시크는 매일같이 그 다리 주변을 배회했다.

그러던 어느날 경비 대장이 아이시크를 불렀다. 아이시크는 사실대로 이야기를 했다. 그러자 경비대장은 크게 웃으며 아이시크를 바보 취급하였다. 그리고 경비대장은 자기가 꾼 꿈을 아이시크에게 얘기해 주었다.

"나는 꿈 속에서 이런 말을 들었소. 폴란드의 수도 크라코프에 가서 제켈의 아들 아이시크라는 유대인 집에 숨겨져 있는 보물을 찾으라고 하더군요. 보물은 난로 뒤의 지저분한 구석에 숨겨져 있다고. . ."

경비대장은 더 크게 웃으며 말을 이었다.

"그런데 그 곳 유대인 동네에는 절반이 제켈이고 그 나머지는 아이시크라는 이름을 가지고 있다고 하오. 그런데 제켈의 아들 아이시크라니? 나보고 유대인 동네를 다 부수라는 말이요?"

너무 놀란 아이시크는 내색하지 않고 경비대장에게 고맙다는 말을 하고 집으로 돌아왔다.

아이시크는 난로 뒤의 구석에서 보물을 찾아냈다. 그리고 그 보물을 팔아 기도소를 지었다.

신화학자들이 자주 인용하는 아이시크의 보물 이야기입니다. 우리 인간에게는 똑같은 꿈이 있을 수 있지만 그 꿈을 믿고 사는 사람이 있고 그렇지 않은 사람이 있습니다. 이 글을 읽는 여러분은 어디에 속할까요?

신화란 무엇일까요? 단지 황당한 과거의 이야기에 불과한 것일까요? 이 책에서는 먼저 신화의 특징에 대해 소개를 했습니다. 그리고 그 다음 장에서는 신화를 이해하는 방법에 대한 여러 학자들의 이론을 소개했습니다. 이렇게 신화를 이해할 준비를 한 다음 우리는 신화의 여행으로 떠날 것입니다. 그리고 세계 각국의 주요 신화를 통해서 인간 세상에서 만들어진 신화의 공통점을 찾아 볼 것입니다. 자, 이제 본격적인 신화의 세계로 들어가 봅시다.

목차

제 1장

신화의 비밀

제 1장
신화의 비밀

왜 신화인가?

'신화가 없는 민족은 과거의 발자취를 알 수 없고, 과거를 모르는 민족은 결국 미래도 알 수 없다'라고 말하면 지나친 비약일까? 신화학자 조셉 캠벨은 그의 저서『신화의 힘』에서 미국에서 수많은 범죄가 일어나고 있는 이유를 미국에는 신화가 없기 때문이라고 갈파했다. 이 말은 과학문명이 발달한 첨단 시대에 살고 있는 인류에게 부족한 것은 새로운 기술이 아니라 과거에 인류가 지나온 흔적, 즉 신화의 중요성을 강조한 말이다.

그렇다면 신화란 무엇인가? 신화는 누군가 아주 오래 전에 만들어낸 허구에 불과한 것일까? 아니면 과학문명의 시대에 풀 수 없는 문제들에 대한 답을 찾을 수 있는 곳인가? 그런 이유에서인지 최근 국내에서도 신화에 대한 바람이 거세다. 정보의 홍수와 인간 복제의 시대에 살고 있는 요즘, 신화에 대한 관심은 오히려 더 커지고 있다. 이러한 현상을 우리는 어떻게 설명할 수 있을까? 신화의 세계로 들어가 보자.

신화란 무엇인가?

종교학자 엘리아드 Eliade는 신화를 안다는 것은 사물들의 기원에 대한 비밀을 배우는 것이라고 말했다. 다시 말해서, 사람들은 신화를 통해 사물들이 어떻게 존재하게 되었는지 알게 될 뿐만 아니라, 그 사물들을 어디서 찾을 것인지, 그리고 그것들이 사라졌을 경우 다시 나타나게 하려면 어떻게 해야 하는지 이 모든 것에 대한 답을 신화가 준다고 설명했다.

엘리아드의 정의는 신화가 무엇인지 분명하게 우리에게 말해주고 있다. 아마도 현대인들이 신화에 많은 관심을 가지는 이유도 사라지고 있는 것들을 어떻게 하면 되살릴 수 있는지 그 답을 신화에서 찾을 수 있다고 생각하기 때문일지도 모른다. 그런데 사물에 대한 기원을 파헤치면 파헤칠수록 인간의 존엄성은 오히려 황폐해진다. 새로운 질병이 나타나기도 하고, 환경은 더욱 오염되어 인간 자신이 환경 오염의 주범이 되어 버린다.

신화는 단순히 만들어낸 황당무계한 이야기가 아니다. 각 민족의 신화에는 만물의 생성 이치와 그 민족이 걸어온 과거의 경험들, 그리고 그들의 사고방식 등이 고스란히 녹아 있다. 신화 속에는 논리적인 설명이 필요하지 않으며, 현실에서는 불가능한 것도 신화 속에서는 가능하다.

신화가 아무리 비논리적 사건의 연속일지라도, 거의 모든 신화적 사건들은 그 신화가 속해 있는 사회의 지배적인 가치관이나 태도 및 기대치들에 토대를 두고 교묘히 만들어진 것들이다. 예들 들어 지혜의 여신 아테나가 제우스의 머리에서 출생했다는 사실은 그리스인들이 지혜를 가장 소중히 여겼음을 보여 주는 사건이다. 즉, 지혜와 신성(神性)은 밀접한 관계에 있다는 그리스적 사고방식이 반영되어 있는 것이다.

신화의 기원

신화는 언제 만들어진 것인가? 일본의 종교학자 나카자와 신이치[1]는 신화의 기원을 구석기 시대로 잡고 있다. 구석기 시대의 후반부는 인류의 직계 조상인 호모 사피엔스 사피엔스가 동굴에 모여 살던 시대인데, 이들의 유적은 프랑스의 라스꼬 동굴 등에 남아 있다. 우리는 그들을 크로마뇽인이라 부른다.

구석기 시대의 말기를 대표하는 빗살무늬 토기는 유럽뿐만 아니라 멀리 북아메리카에서도 발견된다. 이러한 현상은 인류의 조상이 일정 지역에 넓게 퍼져 살고 있었음을 말해주고 있다. 그렇다면 그들은 동굴에서 무엇을 하고 살았을까?

프랑스 중남부에 위치한 라스꼬 동굴의 벽화는 이 문제에 대한 답을 우리에게 던져 준다. 라스꼬 동굴에는 동물과 수렵 등 다양한 주제의 벽화들이 그려져 있는데 그 벽화들을 그린 동기에 대해서는 아직도 설이 분분하다. 그렇다면 당시 동굴에 모여 살던 구석기인들은 언어를 구사했을까? 이 문제는 매우 중요한 문제이다. 왜냐하면 언어를 구사했느냐에 따라서 신화의 연결 고리가 만들어지기 때문이다.

본래 신화는 언어를 통해 전승되었을 것이다. 그러므로 구석기 시대의 인류가 언어를 구사했다면 최소한 원시적인 이야기들을 만들어내지는 않았을까? 그러나 이 문제에 대한 답은 그리 간단하지 않다.

1 『신화 인류 최고의 철학』, 나카자와 신이치, 동아시아, 2001년.

왜냐하면 인간과 동물을 구별하는 데 가장 중요한 기준인 언어의 기원에 대해 아직까지 분명하게 밝혀진 것이 없기 때문이다.

신이치 교수는 구석기 시대를 거쳐 신석기 시대(약 1만년전)에 접어드는 사이, 인류 문화의 모든 영역에서 '조직화'라는 것이 이루어졌다고 말한다. 여기에서 말하는 '조직화'의 중심에는 신화가 있었을 것이다.

신화학자들이 추적한 바에 따르면 신화의 전파는 인류의 이동 경로와 일치한다고 한다. 즉, 유럽 대륙과 아메리카 대륙에 분포하는 유사한 신화는 동시 다발적으로 제각기 생겨난 것이 아니라 구석기 시대의 인류가 공유했던 신화에서 비롯된 것이라고 신이치 교수는 주장한다.

신이치 교수의 주장대로라면 신화는 인류의 조상인 구석기인들이 일정 지역에 거주할 때 공유하고 있었던 문화의 지도인 셈이다. 이 문화의 지도는 인류의 이동과 더불어 그 지역이 이동되었거나 확대되었다고 해석할 수 있다. 그런 까닭에 신화의 기원은 인류의 기원과 그 맥을 같이 하며, 신화의 기원을 따라가는 것은 인류의 형성과 이동에 관한 단서를 찾을 수 있는 지름길이 될 수 있다.

뮈토스의 신화

영어로 신화는 'Myth', 신화학은 'Mythology'라고 한다. 이 두 용어는 그리스어 뮈토스 Mythos에서 유래하는데 뮈토스는 그리스어로 '이야기'란 뜻이다. 과학의 언어가 로고스 logos라고 한다면, 신화의 언어는 뮈토스이다. 로고스는 이성, 논리 혹은 진리 등으로 해석되는 반면, 뮈토스는 인간의 언어 행위 전체를 가리키는 말로, 로고스보다 훨씬 범위가 큰 개념이다. 무엇을 증명하거나 남을 설득하기 위한 언어가 로고스라면, 세상을 묘사하고 감정을 표현하는 언어, 동시에 자연스럽고 편안한 언어는 뮈토스이다. 뮈토스는 치밀하고 정확할 필요가 없다. 무엇을 증명하거나 남을 설득하는 언어가 아니기 때문이다. 대신 그럴듯하면 된다.

신화의 붐을 일으켰던 이윤기는 뮈토스가 단지 말이나 이야기이기 때문에 뮈토스 이외의 어떤 목적도 갖지 않는다고 말한다. 뮈토스는 그저 편하게 읽으면 되는 그런 이야기인 셈이다. 여기에는 이유를 생각할 필요도 없고, 이치를 따질 필요도 없다는 뜻이다.

신화적 사고

구조인류학의 창시자 레비스트로스는 신화적 사고의 이해를 위해 야생의 사고 la pensée sauvage라는 개념을 제시했다. 야생의 사고는 문명인들의 사고와 본질적으로 다른 '미개의 사고'가 존재한다는 환상을 해체하는 데서 출발한다. 다시 말해 문명인들이 '미개인'이라고 부르는 사람들의 사고가 전혀 미개하지 않다는 것이다.

레비스트로스는 야생의 사고를 '신화적 사고' 혹은 '구체의 논리'로 표현되는 사고라고 설명한다. 그는 또한 야생의 사고가 '문명인의 사고'와 대립되는 것이 아니고, 문명인이 가진 사고의 일부라고 설명한다. 문명의 사고를 추상의 과학이라고 한다면 '주술적'이고 '감각적'인 미개인의 사고는 '구체의 과학'이라고 할 수 있으며, 다른 표현으로는 '신화적 사고'라고 말할 수 있다. 그러므로 뮈토스의 신화는 로고스적인 방법으로 접근하기 보다는 야생의 사고를 통해 그 본질에 접근할 수 있다.

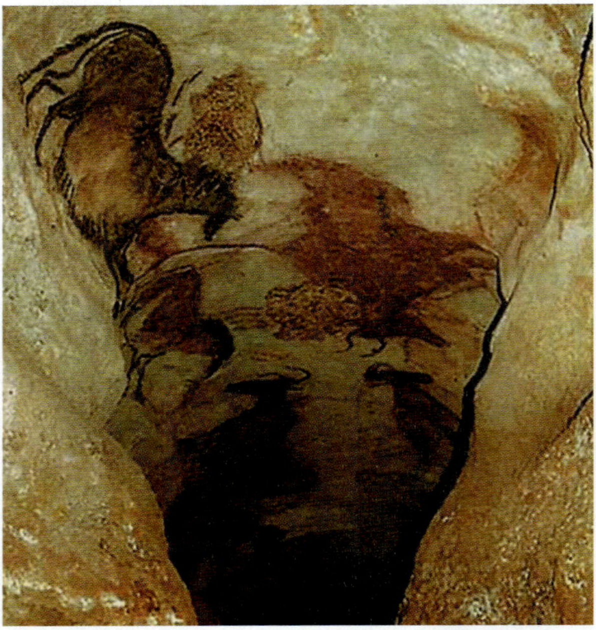

라스꼬 동굴 1940년 프랑스 남부 지방의 작은 마을 라스꼬에서 10대 소년들이 우연히 발견한 동굴. 1만년에서 2만년 전에 살았던 구석기인들의 훌륭한 벽화들로 가득차 있다. 가장 많이 그려진 동물은 말이고 그 다음이 소, 사슴의 순이다. 이 곳에 살던 구석기인들의 머리 속에는 사고의 '조직화'가 이미 이루어지고 있었을까?

신화적 사고의 대표적인 예를 들어 보자. 어느 동네에는 수 십년된 목공소가 있다. 오래 된 만큼 연장도 정리되어 있지 않고 목재도 사방에 어지럽게 널려 있다. 그런데 옆 동네에 새로 들어선 현대식 가구 공장은 이와는 딴 판이다. 자동화된 컨베이어 시스템을 갖춘 이 공장은 모든 것이 전자동으로 이루어진다. 자, 여기에서 신화적 사고를 대입시켜 보자. 신화적 사고는 전자동화된 공장처럼 논리정연한 세계가 아니다. 도깨비굴 같은 목공소에서 목수는 뭔가를 열심히 만들어 낸다. 서로가 어울리지 않는 요소가 어우러지면서 새로운 무엇이 만들어 진다. 바로 이 목수의 수십 년 된 손재주가 '신화적 사고'인 것이다.

신화의 기능

과거의 신화는 사물의 이치와 우주 창조의 원리 등 인간의 호기심을 풀어 주는 열쇠를 우리에게 제공하였다. 그런데 과학문명이 신화의 역할을 대신하게 된 이후, 신화는 자취를 감추었으며 그 흔적만 남아 있을 뿐이다. 그럼에도 불구하고 현대인들은 과학 문명이 해결하지 못하는 문제를 신화를 통해 그 답을 찾으려는 까닭은 무엇일까?

먼저 신화는 과학이 해결을 못하는 문제－이 문제는 인간 내면에 관련된 문제이다－에 대한 방향을 제시해 준다. 일례로 우리 인간은 오래전부터 사후 세계에 대한 관심을 신화에서 찾았는데, 과학은 이에 대해 그 어떤 방향도 제시해 주지 못한다. 과학문명이 발달하면 할수록 인간은 존엄성을 상실하고, 인간이 사는 환경은 오염되고 있다. 이런 문제에 신화가 그 해결책을 제시할 수 있는 이유는 신화 자체가, 비록 신들의 이야기지만, 인간을 위해 쓰여졌기 때문이다. 게다가 신화는 먼 옛날 인간과 동물 그리고 자연이 하나였던 시대의 이야기를 우리에게 전해주고 있다. 지금처럼 동물을 생물학적인 관점에서 바라본다면 상상도 할 수 없는 일이다.

광우병이 의심되는 소들을 트럭에 실어 땅속에 파묻는 장면은 신화적인 시각에서 보면 가히 충격적이다. 아득한 옛날 그들은 인간의 친구였으며 인간과 함께 살았던 존재였는데, 지금은 단지 인간과 다르다는 이유로 우리는 동물들을 영혼이 없는 존재로 취급한다. 신화는 이렇게 황폐화된 정신세계를 가진 현대인들에게 새로운 길을 제시한다.

신화는 정서가 메말라 버린 현대인들에게 오아시스와 같은 존재이다. 모든 것을 과학적 사고로 풀려는 현대인들에게 신화는 다소 비논리적이고 감각적인 사고를 우리에게 보여 주지만, 역으로 그런 사고방식이 우리가 갇혀 있는 사고의 틀에서 벗어날 수 있는 길을 제시한다. 이밖에도 신화는 생활에 대해 근원적인 의미를 부여하는 동시에 일상 생활에 필요한 활동 규범을 제공해 준다.

신화의 구조

구조인류학의 창시자 레비스트로스는 이야기 중심으로 이루어진 신화에서 구조라는 개념을 도입시켰다. 그에 따르면 신화는 전체를 일관하는 구조를 가지고 있다고 한다. 그러므로 신화의 각 에피소드는 전체의 틀에서 기술될 수 있다. 아울러 신화의 등장인물은 유기적인 관계로 맺어져 있다. 그리스 신화를 예로 들어 보자. 그리스 신화에는 총 6천여명 이상의 신들과 영웅들이 등장한다. 그런데 신화의 등장인물들은 유기적인 관계로 맺어져 있다. 예를 들어 '누구는 누구의 아들이고 누구와 결혼해서 누구를 낳았다'라는 식이다. 신화를 읽은 사람들은 이러한 유기적 관계를 통해 보다 더 신화의 사실성에 근접할 수 있다.

레비스트로스는 신화 구조의 구성 요소들이 복수 혹은 다수의 기호를 사용한다고 주장한다. 그 기호들은 상호 대립을 통해 전체를 이루고 있는데, 특히 레비스트로스는 이항 대립을 강조하였다. 빛/어둠, 하늘/대지, 삶/죽음, 남자/여자 등이 이항 대립을 보여 주는 예라고 할 수 있다.

본래 구조의 개념은 언어학에서 제시된 개념인데 레비스트로스는 구조주의 이론을 언어학에서 인류학, 그리고 다시 신화학으로 확대·적용시킨 학자였다.

레비스트로스의 신화론

구조인류학을 통해 신화 연구의 영역을 확대한 레비스트로스는 신화에 대한 궁극적인 관심을 다음과 같은 문제에 연결시켰다. 즉, 신화의 구조가 실제로 인간 정신을 반영하는지, 동시에 신화의 구조가 어떻게 인간의 정신세계를 형성하는가에 관한 문제들이 레비스트로스의 관심사였다.

『벌거벗은 인간』
이 책에서 레비스트로스는 어떻게 신화를 이해해야 하는지 잘 설명하고 있다. 그는 신화의 이해를 교향곡의 감상에 비유한다. 즉, 1악장의 제1주제를 3악장의 제2주제와 서로 교차시킬 때 전체의 메시지가 귀에 들어오듯이, 세계 각국의 다양한 신화를 전체적으로 조망할 때 신화의 의미를 파악할 수 있다고 생각했다.

레비스트로스의 신화에 대한 접근 방법은 신화 속에서 인간이 어떻게 생각하는가를 보여주는 데 있다. 다시 말해 신화는 인간이 정신세계에서 생각하는 바를 신화의 구조를 통하여 보여 준다는 것이 레비스트로스의 생각이다.

레비스트로스의 신화론은 프로이트와 융같이 심리학적 접근을 통해 신화를 해석하려는 방법과는 다르다. 즉, 레비스트로스가 말한 것처럼 인간이 어떻게 신화를 생각하느냐는 심리적인 측면과 관련된 것이고, 신화 자체의 구조가 어떻게 인간에게 투영되느냐는 것이 레비스트로스의 관심사이다. 그러므로 신화의 구조를 이해하는 것이 신화의 본질을 이해하는 데 결정적인 단서를 제공한다.

조금더 생각하기

신화적 사고, 북미 인디언들

미국 정부가 미국 서부 시애틀의 추장에게 토지를 팔라는 요청을 했을 때 추장은 다음과 같은 편지를 보냅니다.

"워싱턴의 대통령이 우리 땅을 사고 싶다는 메시지를 보냈습니다. 하지만 어떻게 하늘을 사고 팔 수 있나요?

땅은요? 저희가 이해할 수 없는 생각입니다. 공기의 신선함이나 물의 광채가 우리 것이 아닌데 어떻게 팔 수 있나요?

이 땅의 모든 것은 우리들에게 신성한 것입니다. 반짝이는 솔잎, 모래사장, 어두운 숲의 안개, 목초지, 윙윙거리는 벌레.
모두가 우리의 기억과 경험 속에서 신성한 것입니다.

나무의 수액은 우리 몸의 정맥을 흐르는 피와 같습니다.
우리는 땅의 일부이고, 땅은 우리의 일부분입니다.
향기 나는 꽃은 우리의 누이들입니다.
곰, 사슴, 독수리는 우리의 형제들입니다.
우리가 이 땅을 팔아도, 이 땅이 신성한 것을 기억해 주십시오.
강물은 조상의 혈액이며, 반짝이는 호수는 생활의 편린이며,
물소리는 조상들의 목소리입니다.
강물은 우리 형제입니다. 그들은 우리의 목마름을 달래주지요.

공기가 소중하다는 것을 기억하십시오.
공기는 모든 정령을 도와줍니다.
우리가 우리 아이들에게 가르친 것처럼 당신의 아이들을 가르치겠습니까?
대지는 우리의 어머니라고.

우리는 알고 있습니다. 대지가 우리에게 속한 것이 아니라,
우리가 대지에 속한 존재라는 것을.
우리는 알고 있습니다. 우리의 신은 당신의 신입니다.
대지는 그에게 소중하며,
대지를 훼손하는 것은 그를 경멸하는 것입니다.

우리가 이 땅을 사랑하는 것은 막 태어난 아기가 어머니의 심장 박동을 사랑하는 것과 같습니다.
만일 우리가 이 땅을 팔면, 우리가 사랑했듯이 당신들도 이 땅을 사랑해 주십시오.
우리가 이 땅의 일부인 것처럼 당신들도 그렇습니다.
대지는 우리에게 소중합니다.
백인이든 인디언이든 따로 생각할 수는 없습니다. 결국 우리는 모두 한 형제입니다."

이 글은 유명한 신화학자 조셉 캠밸의 저서『신화의 힘』에 나오는 내용입니다.
미국인들과 아메리카 인디언들의 사고 방식이 어쩌면 저리도 다를까,
현대인들의 시각으로는 이해가 되지 않는 부분입니다.

신화는 바로 시애틀 추장의 마음 속에서 이해될 수 있는 것입니다.
로고스적인 언어로써 신화를 이해할 수는 없습니다.
자연과 동물 그리고 인간이 모두 소통할 수 있다고 믿는 이들에게
신화는 그 본질을 살짝 보여줄 것입니다.

제 2장

어떻게 신화를 이해할 것인가?

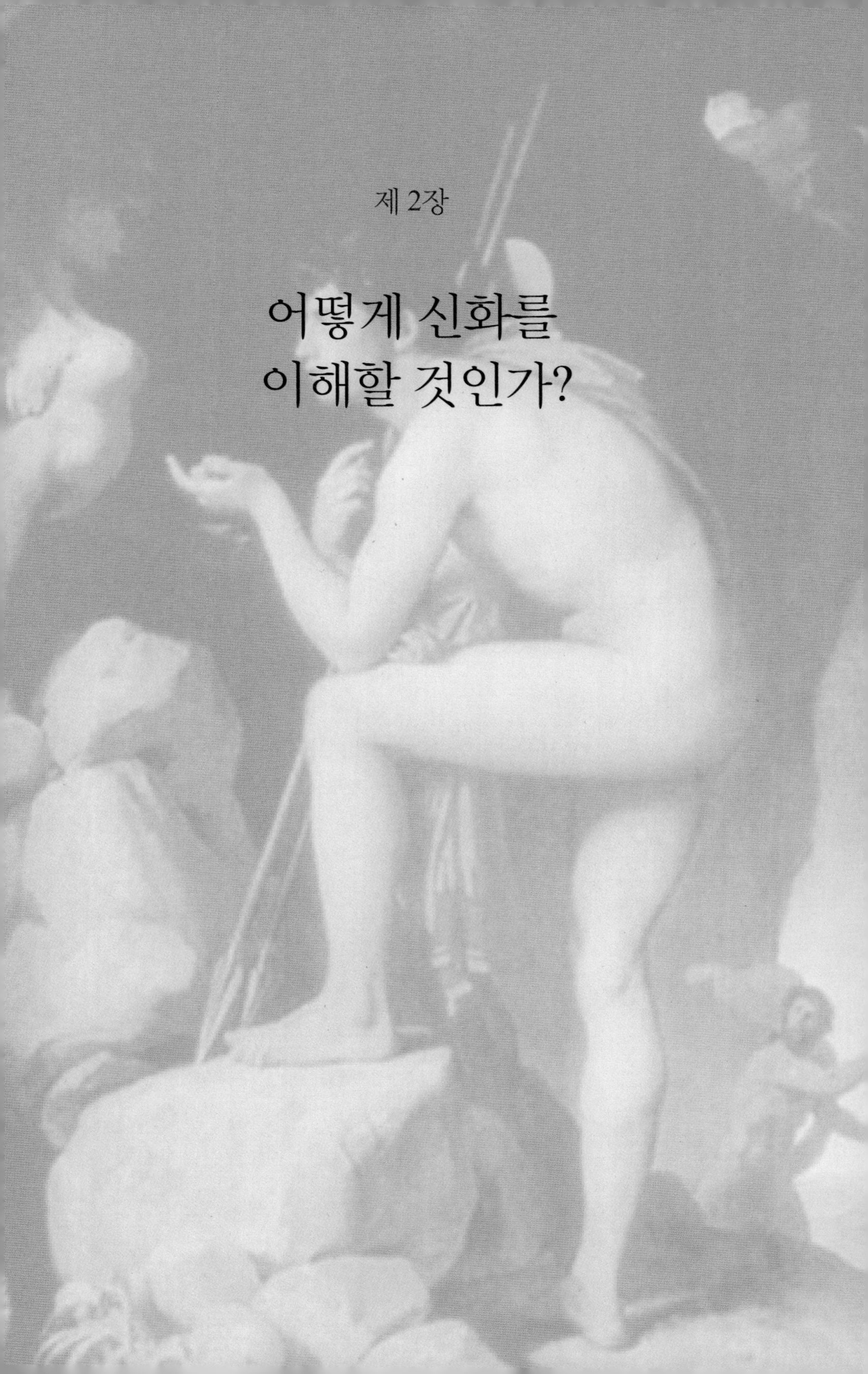

제 2장

어떻게 신화를 이해할 것인가?

'신화는 믿는 것이 아니라, 품어서 이해하는 것이다'라는 말이 있다. 이 말은 신화란 겉으로 드러난 이야기가 그 전부가 아니라, 행간에 존재하는 무엇인가를 이해하는 것이 중요하다는 말로 이해할 수 있다. 신화의 올바른 이해는 신화의 본질을 파악하는 것으로부터 시작된다. 이제 신화를 이해하는 방법론에 대하여 살펴보기로 하자.

외형론자들의 신화 이해

신화를 외부적 요인과 연결하여 해석하려는 방법이다. 이러한 시도는 자연 현상, 풍습과 사물의 기원 등의 원인을 신화와 연결하여 설명하려고 한다. 구체적인 신화의 해석 방법을 보기로 하자.

1. 자연 신화

자연 신화의 관점은 신화를 자연 현상의 알레고리로 해석하는 방법이다. 그리스 신화는 자연 신화의 관점에서는 다음과 같이 해석할 수 있다. 즉, 제우스는 하늘을 주관하는 존재, 아폴론과 헬리오스는 천상의 불, 아르테미스는 달, 헤라는 공기를 대변하는 존재라는 해석이다.

그러나 자연론으로 모든 신화를 설명할 수는 없다. 예를 들어 제우스는 기상을 주관하는 날씨의 신인 것은 분명하지만, 동시에 정의의 신이자 손님 접대의 예법을 관장하는 신, 또는 법치국의 수장이기도 하다. 그러므로 제우스를 단지 혼돈스러운 대기를 의인화한 존재로만 규정하는 것은 제우스 신으로 대변되는 보다 높은 윤리적 기능을 도외시하는 결과가 된다. 마찬가지로 아르테미스 여신을 달과 동일한 존재로 일반화하는 것은 아르테미스 여신이 가진 또 다른 신성, 즉 출산과 야생 동물의 수호여신으로서의 기능을 설명할 수 없게 된다.

2. 신화와 제의

이 해석 방법은 신화가 제의에서 파생되었다는 설을 근거로 신화를 해석하려는 방법이다. 해마다 벌어지는 디오뉘소스 축제를 주신(酒神) 디오뉘소스의 탄생과 죽음을 신화로 재현하려는 일종의 제의 행렬로 간주하여, 디오뉘소스 신화를 제의와 밀접한 관계를 가진 것으로 보는 방법이다. 이러한 해석 방법론은 20세기 캠브리지 대학을 중심으로 제의학파에 의해 발전되었으며, 그들은 신화를 제의적 행사들을 수행하는 과정에서 생겨난 산물로 본다. 그러나 신화의 근원이라는 제의들이 왜 발달하게 되었는지, 그리고 제의 자체의 연유에 대해서는 설명을 못하고 있다.

3. 문헌론

문헌론은 문맹족의 신화 만들기 과정을 직접 관찰한 결과, 신화가 실제적 혹은 사회적 목적들에 기여하기 위해서 만들어졌다고 보는 방법이다. 문헌 신화들은 한 마디로 어떤 제의나 관습에 합리성을 제공해 주는 서술 방식이다. 즉, 공동체의 안녕과 질서를 유지하기 위해 만들어진 것이 신화라는 이론이다.

예를 들어 『신통기』를 쓴 헤시오도스는 그리스인들이 어떻게 해서 신들에게 동물의 가장 하찮은 부위를 제물로 바치게 되었는가에 대한 근거를 제시하였는데 그 이유는 다음과 같다. 티탄족을 물리친 올림포스의 신들은 '각자의 공과를 논하기 위해서' 메코네 Mekone라는 곳에서 원시의 인간들과 만났다. 이 때 프로메테우스는 맛있는 고기는 맛없는 내장들로 감싸서 감추고, 그 대신 먹을 수 없는 뼈들은 기름진 지방으로 돌돌 말아 먹음직스럽게 만들어 두라고 지시하였다. 결국 신들의 제왕 제우스는 프로메테우스의 계략에 넘어갔고, 먹지도 못하는 뼈나 내장 등의 부위가 신들의 몫으로 정해졌다는 것이다. 그러나 문헌론은 왜 제물을 바치는지 그 이유에 대해서는 설명하지 못한다.

4. 신화와 기원론

신화를 어떤 사물의 원인이나 기원을 설명하려는 시도로 해석하는 방법이다. 이 방법에 의하면 먼저 신화를 원시 과학의 한 형태로 간주한다. 그리고 신화의 광범위한 설명을 강조한다. 기원론에 따르면 신화는 과학이 생겨나기 이전의 자연 환경이나 사회 환경을 설명하기 위한 시도 이상으로 인간 상황에 대해 신학적 혹은 형이상학적 해석을 제공한다는 것이다. 그렇지만 대부분의 신화들이 기원론적 목적에 부합되지만, 영웅 신화의 대부분은 기원 신화와는 거의 관련이 없다.

심리학적 접근

1. 프로이트

신화의 해석을 심리학적인 관점에서 접근한 학자로는 정신분석학의 창시자인 지그문트 프로이트를 들 수 있다. 그는 잠재의식을 인간의 행동과 사고를 결정짓는 중요한 요소로 간주한다. 그는 『꿈의 해석』에서 꿈이란 기본적으로 깨어있는 정신 상태에서 억압되거나 거부된 욕망들이 만들어내는 것이라고 정의하면서, 꿈속에서 흔히 나타날 수 있는 전형적인 이미지나 서술 양식들이 신화와 매우 유사하다고 말한다.

프로이트는 신화나 꿈이 흔히 환상적인 형태를 띠는 이유를 다음과 같이 설명한다. 즉, 신화 속의 인간이나 꿈을 꾸는 인간은 똑같이 의식적 지성으로는 도저히 용납할 수 없는 충동이나 소망들을 다른 모습으로 가장하여 드러내기 때문이라고 주장한다. 프로이트는 꿈과 마찬가지로 신화 역시 우리로 하여금 아무런 벌도 받지 않고 금기된 것들을 위반할 수 있게 한다는 점에서 공통점을 찾았다.

프로이트는 사회에서 금기된 것들을 어기고 싶어 하는 욕망을 신화적으로 완성시킨 사례를 아버지를 죽이고 어머니와 결혼한 테베의 왕 오이디푸스 이야기에서 취했다. 프로이트에 따르면 오이디푸스의 파멸은 금지된 것을 행하는 실수를 범한 인간에게 사회가 부과한 최고의 대가가 어떤 것인가를 명확하게 보여주는 하나의 실례이다.

2. 융의 원형적 신화

프로이트가 개인의 잠재의식을 인간의 억압된 욕망의 근원으로 보았다면, 그의 제자 칼 융은 개인의 잠재의식을 집단의 잠재의식으로 확대한 학자이다. 그는 세계 도처의 다양한 문화권의 신화들을 상세히 연구했는데, 우리의 꿈들과 마찬가지로 거의 모든

신화 속에 동일한 인물들이 반복적으로 등장하고 있다는 놀라운 사실을 발견하였다. 위대한 어머니, 엄격한 아버지의 준엄한 심판, 위험스러운 이방인, 영리한 꾀쟁이 혹은 친절한 안내자 같은 인물들이 신화 속의 전형적인 주인공들이다.

반복적으로 등장하는 신화적 인물이나 상황 및 사건들을 융은 원형이라고 명명하였다. 다시 말해 문명화된 산업 사회에 속하는 종족이거나 문명화가 안된 사냥과 수렵시대의 공동체에 속한 종족이든, 모든 인종 그룹의 정신 속에 내재한 모델이나 패턴이 바로 융이 말하는

꾀쟁이 골룸

융의 원형적 신화 이론을 영화『반지의 제왕』에 대입시켜 보면 골룸이 '영리한 꾀쟁이'에 해당된다. 주인공 프로도를 끊임 없이 갈등하게 만드는 골룸이야말로 이야기의 전개에 꼭 필요한 역할을 맡고 있다. 게르만 신화에서 이 역할은 악의 신 로키가 맡고 있다.

원형이다. 요컨대 융은 모든 종족의 집단 무의식에서 생겨나 꿈이나 종교적 비전(秘傳), 혹은 신호에 영감을 불어넣은 것을 원형으로 간주했다. 21세기를 살고 있는 현대인들이 수천 년 전으로 거슬러 올라가는 탄생이나 시련, 갈등, 그리고 죽음과 재생의 신화들과 연결될 수 있는 것도 저 먼 조상들로부터 이러한 신화적 원형들을 물려받았기 때문이라는 것이 융의 주장이다.

융의 이론에 따르면 모든 남성의 정신 내부에는 여성의 이미지, 즉 여성적 지혜와 창조성의 내적 표현인 아니마 anima라는 잠재적 원형이 존재한다. 이에 상응하는 여성의 내적 이미지는 아니무스 animus라고 일컬어진다. 예를 들어 왜곡된 아니마는 메두사나 퓨어리처럼 여성에 대한 부정적인 시각을 만들어 내어, 여성을 위험스럽거나 파괴적인 것으로 내재화시켜 버린다. 마찬가지로 페르세포네에 비친 하데스는 모든 남성을 잠재적 강간범이나 폭군적 본성을 가진 존재로 간주하여 왜곡된 남성관을 가진 존재로 인식하게 한다.

신화학자 조셉 캠벨은 융의 통찰력을 적용하여 신화를 해석한 학자이다. 그는 영웅들이 겪게 되는 전형적인 통과의례 rite of passage를 몇 단계로 구분하여 설명한다. 먼저 통과의례는 영웅이 속해 있던 근원적 환경과의 필연적인 결별로부터 시작된다. 그리고 그 다음 단계에서는 초자연적인 세력들을 만나거나 모험을 하게 된다. 이후 미지의 종교에 입문하거나 새로운 관계 맺기, 그리고 종국에는 출발한 지점으로 다시 귀환하는 순환적 과정의 단계로 되어 있다.

통과의례의 전형으로는 그리스 신화에서 자주 등장하는 영웅들의 모험을 들 수 있다. 아버지를 찾아나서는 테세우스, 12과업에 도전하는 헤라클레스 같은 영웅들의 모험담이 통과의례의 전형에 속한다.

메두사 본래 아름다운 처녀였던 메두사는 아테나의 신전에서 포세이돈과 정을 통했다는 이유로 아테나 여신의 저주를 받아 머리카락이 모두 뱀으로 변했다. 그리고 그녀의 얼굴은 그 누구도 직접 볼 수가 없었다. 돌로 굳어져 버리기 때문에.

구조주의적 접근

신화를 구조주의적인 관점에서 접근한 학자는 전술한 바와 같이 프랑스의 문화인류학자 레비스트로스이다. 그는 언어학에서 유래한 구조주의의 개념을 인류학과 신화학에 응용시킨 학자라고 언급한 바 있다. 그는 브라질의 상파울루 대학에서 인류학을 가르치면서 아마존 인디언들의 신화를 면밀히 연구했다. 그중에서 8백여 개의 신화를 골라 치밀한 분석을 한 뒤에 신화를 구성하고 있는 복잡한 코드의 조합을 발견하여 그들의 상호관계를 밝혀냈다. 마치 구조주의 언어학자들이 인간 언어의 자음과 모음을 이항 대립으로 체계화시킨 것처럼 레비스트로스는 신화의 구조를 형식적인 대립의 관계로 파악한 것이다. 레비스트로스가 시도한 신화 분석의 예를 보자.[2)]

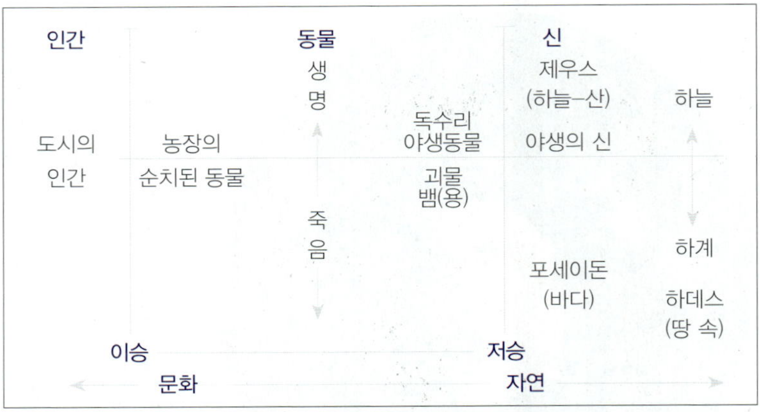

신화의 분석 레비스트로스는 신화의 구성 요소들을 분리한 다음 그 요소들을 대립시켜 신화의 구조를 파악하려고 시도하였다. 본래 이러한 방법은 구조주의 언어학자들이 시도한 것이기에 그는 구조주의 인류학자로 불린다. 신화는 그 구조를 분석하는 과정에서 그 의미를 드러낸다는 것이 레비스트로스의 생각이다.

레비스트로스는 이항 대립을 통하여 신화의 구조를 분석하고자 했다. 이러한 대립은 구조주의 언어학자들이 음운을 대립시켰던 방법과 동일하기 때문에 우리는 레비스트로스의 인류학을 구조인류학이라고 부른다. 이항 대립은 일찍이 인류학자 로베르 에르쯔가 제안했는데, 그는 물질 세계(낮/밤, 남성/여성, 물/불, 땅/하늘, 탄생/죽음)와 사회적 세계(합법/위법, 안/밖, 일/휴식, 즐거움/고통)를 극성 대립으로 분류한 바 있다.

위의 표에서 보듯이 신화의 구성 요소들은 이항 대립을 이루고 있다. 하늘/하계, 제우스/포세이돈, 생명/죽음, 이승/저승, 문화/자연 등 신화적 요소들은 서로 대립을 하고 있음을 알 수 있다. 레비스트로스

2 『레비스트로스』, 에드먼드 리치, 시공사, p. 115, 1999년.

는 이러한 이항 대립의 관계를 파악할 때 비로소 그 신화의 속성을 이해할 수 있다고 생각했다. 다시 말해 신화의 형식적인 구조를 이해하는 것이 신화 이해의 전제 조건이라는 뜻이다.

레비스트로스의 신화 분석 : 오이디푸스

프로이트는 오이디푸스 신화를 억압된 잠재의식이 신화를 통해 밖으로 드러난 것으로 해석했지만, 레비스트로스는 신화 이야기의 구조에서 구성 요소들-신화의 주인공들-의 관계를 통해 신화의 본질을 해석하려고 하였다.

레비스트로스는 먼저 모든 신화는 몇 개의 부분 혹은 사건으로 분절될 수 있다고 주장한다. 마치 인간 언어가 작은 음성 단위로 분절되는 것과 마찬가지이다. 이런 방식은 본래 구조주의 계열의 음운론자들이 채택한 방법에서 빌어온 것이다. 구조주의적 분석에 따르면 신화의 각 사건은 신화에 나오는 인물들의 '관계'를 가리키며 또는 특정 개인들의 '위상'을 지시한다.

오이디푸스 신화의 줄거리를 사건의 발생 순서에 따라 정리해 보자.[3]

1) 카드모스가 제우스에게 납치된 자신의 여동생 에우로파를 찾아 나선다.
2) 카드모스가 용을 죽인다.
3) 스파르티(용의 이빨을 뿌린 결과로 태어난 남자들)가 서로 살해 한다.

3 같은 책, pp. 102-104.

4) 오이디푸스가 아버지 라이오스를 죽인다.

5) 오이디푸스가 스핑크스를 죽인다(그러나 이야기 속에서 스핑크스는 오이디푸스가 수수께끼를 풀자 자살한다).

6) 오이디푸스가 어머니 이오카스테와 결혼한다.

7) 에테오클레스가 남동생 폴리네이케스를 죽인다.

8) 안티고네가 금지 명령을 무시하고 남동생 폴리네이케스를 매장 한다(레비스트로스는 또한 세 등장 인물의 특징을 다음과 같이 지적하고 있다).

9) 라브다코스-라이오스의 아버지- ='절름발이'

10) 라이오스-오이디푸스의 아버지- ='왼손잡이'

11) 오이디푸스 ='부어오른 발'

I	II	III	IV
(1) 카드모스 –에우로파			
	(3) 스파르토이	(2) 카드모스–용	
	(4) 오이디푸스 –라이오스		
			(9) 절름발이 라브다코스
		(5) 오이디푸스 –스핑크스	(10) 왼손잡이 라이오스
(6) 오이디푸스 –이오카스테			
	(7) 에테오클레스 –폴리네이케스		(11) 발이 부은 오이디푸스
(8) 안티고네 –폴리네이케스			

I : 근친상간의 성질을 가진 의식적 위반-친족간의 과잉 관계
II : 아버지, 형제 죽이기-친족간의 소원 관계
III : 인간이 괴물을 죽이는 것
IV : 자신도 약간 괴물인 인간들을 가리킨다

레비스트로스는 오이디푸스 신화에서 이야기의 근간을 이루는 주요 인물들의 관계를 위의 표처럼 넷으로 구분하였다. 먼저, 첫 번째 칸에 속한 인물들의 관계는 친족간의 과잉 관계로 규정했다. 그리스 신화에서 자주 보이는 근친상간의 모티프를 과잉 관계로 본 것이다. 이와는 반대로 서로 죽이는 스파르토이와 아버지를 죽인 오이디푸스는 I의 관계와 정반대이다. 즉, 지나치게 소원한 관계로 말미암아 상대방을 죽이는 결과를 초래한다.

III에서 기괴한 괴물들의 본성은 반은 인간이고 반은 동물이다. 그리고 용의 이빨을 뿌린 이야기는 인간의 토착성(土着性 : 인간은 땅

오이디푸스 괴물 스핑크스를 만나 수수께끼를 듣고 있는 오이디푸스. 언어의 근친 상간을 해결한 그는 또 다른 근친 상간을 범하게 된다.

에서 나왔다는 것)을 보여 주는 것이다. 그런데 스파르토이는 인간의 도움 없이 땅에서 태어났다. 이와는 대조적으로 오이디푸스는 태어나자마자 산 속에 버려져 말뚝으로 땅에 매어져 있었다는 것-그래서 오이디푸스는 발이 붓게 되었다-은 인간이 비록 여자에게서 출생했으나 원고향인 땅에서 완전히 분리되지 못했다는 것을 의미한다.

레비스트로스는 III에서 괴물들이 정복되었다는 것은 '인간의 토착성이 부정되었다는 것'을 의미하며, IV는 '인간의 토착성이 여전히 그 존재를 주장하고 있음'을 나타낸다고 말한다. 그러므로 IV는 III의 반대이고, II는 I의 반대라는 것이다.

레비스트로스는 신화의 구조를 통하여 신화가 말하려는 의미를 설명하고자 했다. 그러나 그의 결론은 다소 역설적이다. 즉, '모든 신화가 똑같은 것을 말한다'가 아니라 오히려 '모든 신화가 집단적으로 말하는 것은 어떤 특정 신화에 의해서 표현되지 않는다'라는 것이다.[4] 다시 말해 오이디푸스와 비슷한 신화들의 구조를 분석하면서 '신화가 전하려는 메시지는 비슷한 것이다'라는 결론은 신화의 본질을 이해한 것이 아니라는 것이다. 오히려 신화의 본질은 어느 특정 신화에 의해 표현되지 않으며, 신화의 구조를 전체적으로 조망한 뒤에야 그 특정 신화가 전하려는 의미를 이해할 수 있다는 말이다.

영화『올드보이』의 신화 읽기

신화의 파편을 가장 많이 간직하고 있는 분야는 문학과 예술일 것이다. 특히 영화는 신화적 모티프를 소재로 창작된 대표적인 예술의

4 같은 책, p. 115.

한 장르라고 말할 수 있다. 최근에 국제 영화제에서 입상한 한국 영화 『올드보이』는 많은 신화적 요소가 들어 있는 영화이다. 영화 속에 들어 있는 신화적 요소들을 하나씩 밝혀 보기로 하자.

1. 근친상간의 모티프

서양 신화에서 근친상간 incest은 자주 등장하는 신화적 모티프이다. 아버지를 살해하고 어머니와 결혼한 테베의 왕 오이디푸스와 아프로디테의 노여움을 사서 아버지를 사랑한 스뮈르나가 대표적인 신화 속의 주인공들이다.

영화 속으로 들어가 보자. 영화에서 근친간의 사랑은 두 가지 유형으로 나타난다. 누이와 사랑을 했던 이우진과 자신의 딸인지 모르고 사랑했던 주인공 오대수. 오이디푸스가 신탁에 의해 아버지를 죽이고 어머니와 결혼을 하는 것이 신의 뜻인 것처럼, 주인공 오대수는 자신의 딸과 사랑을 하게 된다. 물론 신화에서는 신의 뜻에 따라 근친간의 사랑이 필연적으로 이루어지지만, 영화에서는 인간의 복수심이 오대수로 하여금 딸을 사랑하게 만든다.

신화 속에서 근친간의 사랑은 비극으로 끝난다. 진실을 나중에 알게 된 오이디푸스는 눈을 파내어 평생을 속죄하는 마음으로 살았으며, 스뮈르나는 신들에게 자신을 나무로 변하게 해달라고 애원한다. 물론 화가 풀리지 않은 아버지는 그 나무조차 두동강을 내버리지만.

오이디푸스의 근친상간은 테베 왕국에 재앙을 가져온다. 그 결과 그는 진실을 알게 되고 두 아들인 에테오클레스와 폴리네이케스는 아버지를 추방해 버린다. 그러나 오이디푸스의 딸 안티고네는 아버지를 죽을 때까지 돌본다. 이러한 관계-아버지와 딸의 관계-는 레비스트로스의 이항 대립으로 설명하자면 (+)적인 관계로 설정할 수 있다.

영화에서 주인공 오대수는 미도가 자신의 딸임을 알게 되지만, 마치 오이디푸스가 눈을 파내어 속죄했던 것처럼 자신의 혀를 자른다. 그리고 이우진에게 자신이 미도의 아버지임을 알리지 말아달라고 간청한다. 결국 이우진은 미도와 오대수의 관계를 알 수 있는 사진첩 상자를 미도에게 보여 주지 않는다.

영화의 마지막 장면은 마치 안티고네가 장님인 오이디푸스를 돌보는 것과 많이 닮아 있다. 차이가 있다면 안티고네는 진실을 알고 있다는 것이고, 영화 속의 미도는 그녀의 아버지인 오대수를 끝까지 '아저씨'라고 부른다.

근친간의 사랑은 그 종말이 거의 비극적이다. 사회적 금기의 영역을 깨뜨린 대가일지도 모른다. 신화에서는 이러한 윤리적 가치를 근친상간이라는 모티프를 통해 표현하고 있으며, 신화의 목표는 금지된 영역의 수호라고 말할 수 있다.

서양 신화보다는 덜 나타나지만 한국의 설화에도 근친간의 사랑을 주제로 하는 이야기가 있다. '달래고개' 설화가 바로 그것인데 설화의 줄거리는 다음과 같다.

> 옛날 혼기가 찬 어느 남매가 여름날 함께 길을 가다가 갑자기 소나기를 만났다. 얇은 옷이 비에 젖자 몸에 찰싹 달라붙었다. 이에 누나의 드러난 몸매를 보게 된 남동생은 자기도 모르는 사이에 성적 충동을 느꼈다. 그 욕구를 죄스럽게 생각한 나머지, 남동생은 자신을 벌하기 위하여 스스로 목숨을 끊고 말았다. 앞에서 가고 있던 누나가 동생이 뒤따라 오지 않는 것을 이상히 여겨 되돌아가 보았더니, 동생이 피를 흘리고 죽어 있었다. 사정을 알아차린 누나가 동생을 끌어안고 울면서 '차라리 달래나 보지, 말이나 해 보지'라고 하였다고 하여, 그곳을 달래고개라 불렀다.

근친상간의 모티프
영화만큼 신화적 요소들이 많이 들어 있는 예술의 장르도 드물다. 주인공 오대수는 오이디푸스와 비슷하고, 그의 딸 미도는 안티고네를 연상시킨다. 캠벨이 설명한 귀환의 모티프도 영화에서 중요한 모티프로 작용한다.

이 설화는 근친간의 사랑이 아무리 사회적으로 금기시되고, 또한 윤리적 가치가 중요한 것이라고 할지라도 인간의 생명이 더 소중한 것임을 암시하고 있다.

서양 신화에서 나타나는 근친상간의 에피소드는 파멸로 이어지지만, 영화『올드보이』에 나타난 오대수와 미도의 사랑은 해피엔딩으로 끝난다. 딸인 미도가 그 사실을 끝까지 모른 채 아버지를 돌보는 마지막 장면이 이러한 주장에 설득력을 실어주고 있다.

2. 감금과 귀환

주인공 오대수는 어느날 소란을 피운 탓에 파출소에 연행된다. 그리고 친구 주원의 도움으로 귀가길에 오른다. 그러나 그는 공중 전화

박스 앞에서 괴한들에게 납치된다. 그리고 15년의 세월이 흐른다.

앞에서 언급한 조셉 캠벨의 '통과 의례'의 과정은 주인공이 속해 있는 환경에서 필연적으로 격리됨으로써 시작된다. 아버지를 살해할 것이라는 신탁 때문에 산에 버려졌던 오이디푸스나 트로이의 파리스처럼 주인공 오대수도 같은 운명의 길을 가게 된다.

오대수는 영문도 모른 채 15년 동안 감금 생활을 하게 된다. 그는 신화의 주인공이 초자연적 힘이나 종교를 접하면서 새로운 인물이 되는 것처럼 통과의례의 도식을 그대로 따르고 있다. 다만 신화의 주인공들이 초인적인 인물로 바뀌는 것에 비해 주인공 오대수는 평범한 셀러리맨에서 복수의 괴물로 재탄생한다.

오대수는 감금된지 15년만에 풀려난다. 그가 풀려난 곳은 친구 주원과 전화를 했던 곳, 즉 공중전화 박스가 있던 그 자리였다. 결국 신화에서 주인공이 원래의 자리로 돌아오는 과정을 그대로 보여 주고 있다.

일반적으로 신화에서는 본래의 자리로 돌아온 주인공이 왜 자신이 태어난 곳으로부터 격리되었는지 그 이유를 스스로 찾아나선다. 그리고 마침내 출생의 비밀을 알게 된다. 그리스 신화에서는 테세우스가 출생의 비밀을 밝히기 위해 아버지 아이게우스가 바위 밑에 숨겨둔 칼과 샌달을 찾아낸 뒤에 아테네로 향한다. 즉, 자신이 본래 속했던 곳으로 되돌아가는 것이다.

영화 속의 오대수도 영웅들이 출생의 비밀을 알기 위해 본래의 위치로 귀환하는 것처럼, 누가 자신을 15년 동안 감금했는지 알려고 한다. 그러나 오대수의 대극점에 서 있는 이우진은 문제의 핵심을 분명히 인식하고 있었다. 그는 오대수에게 누가 감금했는지를 알려고 하지 말고 왜 자신이 오대수를 가두었다가 풀어주었는지 그 이유를 밝혀보라고 제안한다. 마치 오이디푸스에게 수수께끼를 냈던 스핑크스처럼.

3. 영화의 신화적 구성

레비스트로스 계열의 학자들은 신화를 구조적인 방법으로 분석한 학자들이다. 그들은 신화의 구성 요소들이 이항 대립을 통해 하나의 구조를 이루고 있다고 설명한다. 영화『올드보이』에서 나타난 등장인물들의 역학 관계를 보자.

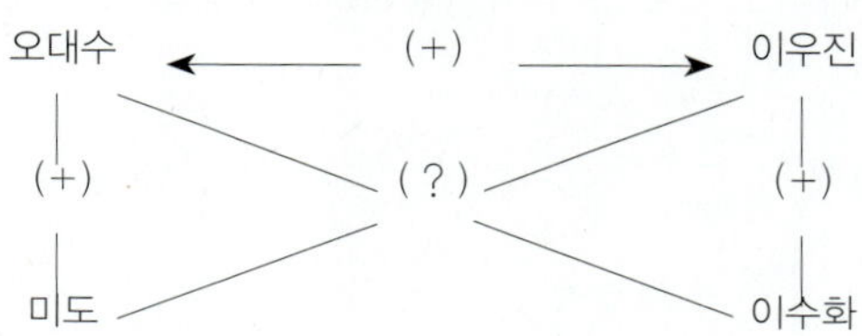

오대수와 이우진은 서로 대극점에 있는 존재들이다. 그러나 누이와 딸을 사랑한다는 점에서는 동일한 지점에 위치하고 있다. 물론 이우진의 말대로 자신은 금지된 사랑을 알고 있었음에도 그것을 선택했지만, 오대수는 그것이 금지된 사랑인지 모른 채 미도를 사랑하게 된다. 그리스 신화에서 신탁에 의해 정해진 근친간의 사랑이 영화에서는 인간의 치밀한 각본에 의해 이루어지고 있다.

신화에 등장하는 인물들은 상극의 관계이거나 우호적인 관계, 그렇지 않으면 그 관계가 분명히 드러나지 않는 경우로 구분해 볼 수 있다. 영화에서 이우진과 미도의 관계는 분명히 알 수가 없다. 미도를 키워준 인물이 이우진임에는 틀림없으나, 둘의 관계에 대해서는 더 이상 알 수 없다. 오대수와 이수화의 경우도 마찬가지이다. 고교 시절의 추억에서 오대수와 이수화는 운동장에서 우연히 만나지만 둘의 관계는 더 이상 발전하지 않는다. 오히려 훗날 그 만남이 오대수에게는 치명적인 사건의 불씨가 된다.

4. 날 것과 익힌 것

구조인류학자 레비스트로스는 신화를 총괄하는 전체의 구조에서 볼 때 그 구성 요소들은 이항 대립을 이루고 있다고 설명한다. 대립의 관계는 친근의 관계와 소원의 관계로 구분할 수 있으며 수학적인 기호(+/-)로 표시할 수 있는데, 신화뿐만 아니라 음식도 같은 방법으로 기술하였다. 레비스트로스가 제안한 요리의 삼각형을 보자.[5]

날것

구운 것

(−) (−)

공기 **물**

(+) (+)

그을린 것 삶은 것

익힌 것 썩힌 것

위의 삼각형은 음식을 요리할 때 매개체에 따라 서로 대립하는 요리가 된다는 것을 보여주고 있다. 먼저 음식의 종류를 날것과 구운 것의 대립으로 구분할 수 있고, 구운 것들 중에서도 요리 방법에 따라 서로 대립하는 것을 알 수 있다. 예를 들어 구운 음식 중에서 '그을린 것'과 '삶은 것'의 대립은 요리 방법의 매개체인 공기와 물에 따라 구분된다.

영화『올드보이』에서 오대수는 15년간 군만두만을 먹으며 감금 생

5 같은 책, p. 57.

활을 한다. 만두는 튀긴 음식이므로 물대신 기름으로 익힌 것으로 볼 수 있다. 즉, 날것과 정반대의 위치에 놓인 음식이다. 오대수는 감금방에서 풀려나자마자 일식집에서 '살아 있는 것'을 찾는다. 그리고 미도에게 '살아 있는 것'을 먹고 싶다고 말한다.

날것이 자연적인 것이라면 익힌 것은 문화적인 음식이다. 오대수는 사설 감방에서 익힌 음식인 군만두만을 먹지만, 감금 생활 15년만에 그는 괴물이 된다. 다시 말해 길들여진 인간에서 야생의 괴물로 변신한 것이다. 그 결과 그는 감금방에서 나오자마자 자연 상태의 날것을 찾게 된다. 날것과 익힌 것의 대립은 야생과 문화의 대립인 것이다.

5. 안티고네와 미도

오이디푸스는 아버지 라이오스를 죽이고 어머니 이오카스테와 결혼을 하여 폴리네이케스와 에테오클레스, 그리고 안티고네와 이스메데를 낳는다. 그중에서 아들인 폴리네이케스와 에테오클레스는 오이디푸스가 자신의 아버지 라이오스를 죽인 범인임이 밝혀지자 오이디푸스를 테베에서 추방한다. 안티고네는 추방당한 아버지 곁에서 죽을 때까지 그를 돌보아 준다. 안티고네는 그리스 신화에 등장하는 인물 중에서 가장 여성스럽고 고상한 성격의 인물이다. 그녀는 오이디푸스와 이오카스테의 관계처럼 아버지와 딸의 근친 관계로 설정할 수 있다.

자신이 범한 용서받지 못할 죄를 속죄하기 위해 오이디푸스는 눈을 파내 스스로 장님이 된다. 눈을 뽑아 버렸다는 것은 세상과의 완전한 단절을 의미하며 목숨을 끊는 것보다 더 심한 형벌일 수도 있다.

영화 『올드보이』에서 주인공 오대수는 오이디푸스가 눈을 파내어 속죄했던 것처럼, 이우진 앞에서 혀를 자른다. 그가 범한 원죄의 근원인 혀를 잘라 속죄를 한 것이다. 물론 오대수의 이러한 행동은 미도에게 자신이 아버지라는 사실을 숨기기 위함이었고, 동시에 자신의 혀에서 비롯된 죄를 씻기 위함이었다.

영화의 마지막에 오대수는 최면술사를 다시 찾아간다. 그리고 그녀에게 자신의 내면에 있는 몬스터의 기억을 지워달라고 부탁한다. 마치 신화에서 전지전능한 신만이 인간의 기억을 지배할 수 있는 것처럼 최면술사는 한걸음에 1년씩 몬스터의 모든 기억을 오대수로부터 지운다. 그리고 장면은 바뀌어 미도가 오대수를 돌보는 장면으로 영화는 끝을 맺는다. 마치 안티고네가 끝까지 아버지 오이디푸스를 돌보았던 것처럼.

6. 스핑크스의 수수께기

수수께끼만큼 신화 속에서 영웅들과 인간들을 시험하기 좋은 것도 없다. 신화 속의 영웅들은 반신반인의 존재로서 신의 경지에 오르기 전에 마지막 관문을 통과해야 하는데, 역경을 극복하거나 수수께기 같은 문제를 푸는 방법을 통해 난관을 풀어나간다.

대표적인 에피소드가 테베의 괴물 스핑크스이다. 괴물 스핑크스는 지나가는 사람에게 수수께기를 내어 그 답을 못맞추면 잡아먹는 무서운 괴물이었다. 그런데 오이디푸스는 그 수수께끼를 풀어 버린다. 오이디푸스가 '아침에는 네 발인데 점심에는 두발이며 저녁에는 세 발인 것'이 인간이라고 답하자 스핑크스는 스스로 목숨을 끊는다.

나카자와 신이치[6]는 수수께끼가 언어의 근친상간이라는 독특한 주장을 펼친다. 그의 설명에 따르면 수수께끼에서는 평소에는 멀리 떨어진 것이 어느 순간에 가까워지는데, 그 순간에 언어적 근친상간이

6 『신화, 인류 최고의 철학』, 동아시아, p. 184,

일어난다는 것이다. 언어의 근친상간을 뛰어넘은 오이디푸스는 인륜의 근친상간도 넘어버린다. 다시 영화 속으로 들어가 보자.

오대수는 15년의 감금에서 풀려난 직후 이우진으로부터 전화를 받는다. 오대수는 누가 자신을 감금했냐고 이우진에게 묻지만, 이우진은 누가 가두었냐가 문제의 핵심이 아니라, 왜 오대수를 가두었냐가 문제의 핵심이라고 말한다. 이우진의 수수께끼는 바로 여기에서 시작된다. 왜 오대수를 감금했는지 그 이유를 밝힌다면 자신이 죽고, 그렇지 않으면 오대수가 죽는다고 말한다. 오이디푸스가 수수께끼를 풀자 괴물 스핑크스가 죽은 것과 같은 논리 구조이다.

오대수는 영화의 종말에서 왜 이우진이 자신을 감금했는지 설명한다. 물론 오대수가 정확하게 이수화의 죽음을 설명하진 못하지만, 수수께기가 풀리자 이우진은 자살한다. 수수께끼가 풀리자 죽음을 택한 스핑크스의 운명처럼 이우진도 같은 운명의 길을 걷는다.

7. 판도라의 상자

영화의 클라이막스는 비밀의 열쇠를 가진 '보라색 상자'가 등장하는 순간이다. 이 상자에는 미도의 출생 비밀이 들어있는 사진 앨범이 들어 있는데, 오대수는 이우진의 펜트하우스에서 상자속의 앨범을 열어 보고 미도가 자신의 딸임을 알게 된다. 마치 상자를 열어 불행을 자초했던 판도라처럼 오대수는 '불행의 상자'를 열게 된다.

신화에는 항상 금기된 것이 등장한다. 그것이 판도라의 상자일 수도 있고, 혹은 금지된 약속일 수도 있다. 에우리디케를 찾아 하데스의 세계로 내려간 오르페우스는 지상으로 나갈 때까지 뒤를 보지 말라는 금지된 약속을 지켜야만 했다. 물론 인간이었던 오르페우스는 그 약속을 지키지 못한다. 인간은 불완전한 존재이기 때문이다. 이렇듯 신들은 끊임없이 인간을 시험하고, 인간은 신들의 전능한 능력을 뛰어넘을 수 없는 존재임을 자각하게 된다. 그래야만 인간은 죽은 사람은 결코 환생할 수 없다는 자연의 섭리를 깨닫게 되는지 모른다.

그리스 신화에 등장하는 판도라의 상자가 인간에게 불행을 가져다준 씨앗이 되었듯이 영화『올드보이』의 극적 반전은 미도의 앨범이 담긴 보라색 상자가 등장하는 시점에서 이루어진다. 판도라의 상자가 인간을 불행의 나락으로 파멸시킨 원인을 제공했지만, 그럼에도 불구하고 그 상자에는 '희망'이 남아 있었다. 만약 미도가 이우진이 보낸 그 상자를 열어 봤다면 두 사람의 운명은 파국으로 치달을 수밖에 없었을 것이다. 그러나 오대수는 불행의 씨앗이 되었던 자신의 혀를 자르며 이우진에게 속죄한다. 판도라의 상자에 희망이 남듯이 오대수에게도 희망의 불씨는 남게 된다.

판도라 신화에 등장하는 여인들은 대부분 금기의 벽을 깨뜨리는 역할을 맡고 있다. 프로메테우스가 인간에게 불을 전해 주자 제우스는 인간에게 판도라의 상자를 내려 보낸다. 판도라의 상자는 프로메테우스와 제우스의 끝없는 대결의 산물이다.

조금더 생각하기

영원한 금기, 근친 상간

인류 문명에서 언제부터 근친상간이 금기시되었는지 자세한 기록은 없습니다. 그런데 인류 최고의 철학이자 역사라고 말할 수 있는 신화에는 꼭 근친상간의 모티프가 등장합니다.

이집트 신화의 주인공 오시리스와 이시스가 오누이간이었고
일본의 창조 신화도 마찬가지입니다

그렇다면 근친간의 결합을 학문적인 시각에서 조명해 봅시다.
먼저 생물학적으로 근친혼은 유전적인 열성인자를 잉태시킵니다.
경험적으로 인류의 조상들은 근친간의 결혼으로 태어난 아이들이 생물학적 열등 인자를 가지고 태어난다는 사실을 확인했을 것입니다.

경제적인 차원에서 보죠.
노동력이 경제력의 기본이었을 시절 한 여자를 다른 마을로 시집보내면 다른 여자가 자기 마을로 시집을 옵니다.
이른바 교환의 원칙이 성립됩니다. 그런데 근친간의 혼인은 마을의 인구가 줄어들게 만듭니다.
아들 둘과 딸 둘을 가진 족장이 다른 마을과 혼인을 맺으면 네 쌍의 부부가 생기지만 근친혼이 이루어지면 두쌍의 부부로 줄어듭니다. 경제적인 손실이 크죠.

인류의 가장 오래된 보편적 진리를 전하고 있는 신화에서는 근친상간

을 어떻게 보았을까요? 그리스 신화에서 태초에 존재했던 대지의 여신 가이아는 자신의 아들인 천공의 신 우라노스와 교합하여 여러 괴물 신들을 만들어냅니다.

눈이 백개 달린 퀴클로페스와 팔이 백개 달린 헤카톤케이레스가 태어납니다. 다시 말해 기형아들이 태어났다는 것입니다.

혹시 근친상간의 결과를 암시하는 것은 아닐까요?

멀리 우리 나라의 삼국 시대로 올라가 봅시다.

우리는 아직도 신라 시대의 풍속에 대해서 잘 모르고 있는 것이 많습니다.

정확한 기록을 통해 당시 신라 사회의 풍속을 하나 보기로 합시다.

삼국을 통일한 김춘추가 태종대왕에 오른 2년 삼국사기에는 이런 기록이 보입니다.

"재위 2년(655년) 겨울 왕(김춘추)은 딸 지소를 대각찬 유신에게 시집보냈다."

김춘추와 김유신이 누구입니까?

삼국을 통일한 신라의 왕이자 장수이면서 동시에 처남 매제간입니다.

김춘추가 김유신의 집에 놀러왔다가 바지의 실밥이 터지자 바지를 꿰메준 것이 인연이 되어 유신의 동생 문희와 결혼을 하지 않았던가요?

그렇다면 655년 김유신은 몇살이었을까요?

김유신이 서기 595년에 태어났으니 655년에는 60세가 됩니다.

즉, 환갑을 맞은 나이라는 것입니다.

그런데 지소는 김유신의 동생 문희의 딸입니다.

즉, 조카가 외삼촌에게 시집을 간 것입니다.

이것은 픽션이 아닙니다.

삼국사기의 기록을 그대로 옮긴 것 뿐입니다.

자, 이제 신라 시대에는 무슨 일이 벌어지고 있었던 것일까요?
이 이야기는 유교를 국시로 삼고 있던 조선의 성리학자들에게는 그야말로 말도 안되는 이야기입니다.
지소 부인은 김유신 사후에도 장수를 누려 712년에 칠순을 맞이하게 됩니다. 그렇다면 김유신에게 시집온 해의 나이가 열 세살이란 말이죠.
도대체 상상이 안가는 이야기입니다.

김유신의 지소부인 이야기를 여기에 소개한 이유는
신화이건 혹은 1500년 전 고대 왕국의 이야기들이건 간에 현대인의 시각으로는 이해할 수 없다는 겁니다.

그렇기 때문에 신화는 머리로 읽어서 이해하는 것이 아니라
가슴으로 품어서 이해해야 한다고 말하는 것입니다.

이루어질 수 없는 사랑, 괴물과 미녀

오디세우스가 트로이 전쟁에서 승리한 후 고향인 이타가로 돌아가는 길에 그는 온갖 시련을 겪습니다.
트로이 편을 들었던 포세이돈과 헤라가 저주를 내렸기 때문이죠.
그중에는 외눈박이 거인 폴리페모스의 이야기도 나옵니다.
폴리페모스는 오디세우스의 부하들을 먹어치우는 괴물로 그려지지만
그에게도 사랑의 아픈 추억이 하나 있었답니다.

괴물과 미녀의 사랑.
신화나 설화에서 단골로 등장하는 모티프입니다.
어느 날 폴리페모스는 바다의 요정 갈라테이아에 반해 사랑을 고백합니다. 하지만 아름다운 요정 갈라테이아가 그 사랑을 받아줄 리 없었죠.

폴리페모스는 자신의 얼굴이 험상궂기는 하지만 사랑의 눈으로 보면 끔찍하지만은 않다고 항변합니다. 사랑에 눈이 멀면 보이는 것이 없다는 진리를 폴리페모스는 일찍이 깨달았나 봅니다.
폴리페모스는 항변합니다.

"갈라테이아여, 내 몸이 털로 덮혀 있다고 끔찍하게 보지 마라.
나무에 잎이 없다면, 새에 깃털이 없다면,
양에 양털이 없다면 그 모습이 어떻겠는가?
턱에 수염이 나고 가슴에 털이 있는 것, 이것은 남성만이 누리는 특권이다.
내게는 눈이 이마 한 가운데 박혀 있는 하나가 전부지만, 크기는 방패만하다. 태양도 이처럼 하나로 세상을 내려다보고 있지 않은가."

도저히 어울릴 것 같지 않은 두 존재를 하나로 묶을 수 있는 것은 역시 사랑인가 봅니다. 하지만 상대방이 공감하지 않는 사랑의 이야기는 비참합니다. 그럼에도 이런 이야기는 그 후로도 수없이 만들어지죠.

빅토르 위고의 『빠리의 노트르 담』이 그 대표적인 이야기입니다.
주인공인 꼽추 카지모도와 집시 여인 에스메랄다의 비극적인 사랑으로 잘 알려져 있는 얘기죠.
꼽추에 절름발이인 카지모도의 외모는 폴리페모스를 연상시키고
에스메랄다는 바다의 요정 갈라테이아와 꼭 닮았습니다.
그리고 여주인공이 괴물들을 사랑하지 않고 잘 생긴 남자 주인공을 사랑하는 구조도 두 이야기에서 동일합니다.
갈라테이아는 '아키라'라는 연인이 있었고 에스메랄다에게는 '푀뷔스'라는 귀족 출신의 경비대장이 있었죠.

두 이야기의 종말은 조금 다릅니다.
폴리페모스는 꾀쟁이 오디세우스의 계략에 넘어가 눈을 잃지만
카지모도의 종말은 정말 비극적입니다.

이런 종류의 이야기는 지금도 다양한 장르로 만들어지고 있습니다.
디즈니 에니메이션으로 잘 알려진 『미녀와 야수』는 본래 프랑스 지방에서 전래되던 민담을 기초로 제작된 것이고, 뮤지컬 『오페라의 유령』과 영화 『킹콩』등도 같은 범주에 속하는 이야기들입니다.
이렇듯 신화의 원형은 지금도 현재 진행형입니다.
그것이 영화이건 뮤지컬이건 현대인들이 공감하는 이유는
수천년, 아니 수만년전부터 공유하고 있던 신화적 원형을 고스란히 간직하고 있기 때문일 것입니다.

제 3장

곰에서 인간으로
: 단군 신화

제 3장

곰에서 인간으로 : 단군 신화

한민족의 신화?

단군 신화는 우리 민족의 건국 신화이다. 우리는 단군 신화를 통하여 우리의 조상들이 어떻게 나라를 세웠고, 어떤 통치 이념을 통해 백성들을 다스렸는지 알 수 있다. 물론 신화의 사실성 여부는 우리의 관심이 아니며, 단군 신화를 신화의 관점에서 조망해 보는 것에 만족한다.

신화의 구성과 그 연결 고리들은 신화를 이해하는 데 결정적인 역할을 한다. 환인, 환웅, 곰, 호랑이, 신단수, 삼위태백, 아사달, 쑥, 마늘 등 단군 신화의 구성 요소들은 다양하다. 그런데 신화에 등장하는 인물들과 지명 그리고 동물 등은 어떻게 연결되어 있을까?

단군 신화의 절정은 곰이 삼칠일만에 웅녀가 되는 장면과 단군 왕검이 웅녀로부터 태어나는 장면이다. 그런데 하필 왜 곰일까? 본 장에서는 곰이 의미하는 바에 대하여 관심을 가져볼 것이다. 곰은 단지 토템의 상징으로 볼 수 있을까? 고대부터 지금까지 곰을 숭배하는 지역은 존재했는가? 이런 질문들이 본 장에서 우리의 관심을 끄는 주제들이다.

단군 신화의 주요 모티프는 곰이라는 동물이 인간으로 변해 단군 왕검을 낳아 고조선을 건국하는 것으로 요약된다. 여기에서 곰은 중요한 의미를 지닌다. 그런데 곰과 호랑이 중에서 곰이 인간이 된 연유는 무엇일까?

예로부터 시베리아 지방에서는 곰이 신성한 동물로 숭배되어 왔다. 그리고 시베리아 지방에서는 주술사 샤먼을 '감' Kham으로 불렀는데 그 발음이 우리의 '곰'과 매우 흡사하다. 그리고 곰을 주제로 하는 신화는 멀리 북아메리카에서도 발견된다. 그렇다면 단군 신화와 동북 아시아의 다른 신화와의 연결 고리는 없을까? 우리는 그 연결 고리를 찾기 위해 여러 각도에서 접근해 볼 것이다. 먼저 신화적 관점에서 단군 신화를 조망해 본 후, 언어적 관점으로 넘어갈 것이다. 그리고 '곰'의 상징성을 동북 아시아 신화에서 차지하는 곰의 의미와 연관시켜 설명해 볼 것이다.

신화의 모티프

단군 신화의 내용을 주요 모티프에 따라 정리하면 다음과 같다.

> 천상을 다스리는 상제에게는 환웅이라는 서자가 있었다. 그는 인간의 세계를 다스려 보려는 욕망을 품어오곤 했다. 아버지 환인은 그 아들의 뜻을 알아차렸다. (…) 그는 곧 아들 환웅에게 부하신을 거느리고 가서 지상을 다스릴 직권을 부여하는 뜻으로 천부인 세 개를 주어 내려가 다스리게 했다. (…) 이때, 곰 한 마리와 호랑이 한 마리가 찾아와 신웅-신시를 다스리는 환웅-에게 사람이 되고 싶다고 기원했다. 신웅은 이들에게 신령스러운 쑥 한 줌과 마늘 스무 개를 주며 백날을 햇빛을 보지 않으면 인간이 될 것이라고 말했다. (…)

> 곰에서 변신한 여인, 즉 웅녀는 신단수 아래에서 아이를 갖게 해 달라고 빌었다. 이 때 신웅이 잠시 인간으로 변하여 그녀와 혼인하여 아이를 낳았다. 이 아이가 바로 단군왕검이고, 평양성을 도읍으로 하고 나라를 조선이라고 불렀다.[7]

단군 신화의 대표적인 모티프는 '곰이 사람으로 변신'하는 모티프이다. 그런 점에서 신화에 등장하는 인간과 동물의 관계에 대하여 살펴 보자. 신화에는 자주 동물과 인간이 상통하는 모티프들이 많이 등장한다. 이러한 모티프를 나카자와 신이치[8]는 대칭의 문화라고 분석했다. 여기에서 대칭의 관계는 인간과 동물 사이의 관계를 말한다. 그는 저서에서 선사 시대에는 인간과 동물이 서로 대칭의 관계에 있었으므로 인간이 동물이 될 수도 있고, 반대로 동물이 인간이 될 수도 있었다고 주장한다. 그러나 이러한 관계는 '국가'가 성립되면서 비대칭의 관계로 변했다고 신이치는 주장한다. 다시 말해 인간이 동물을 지배하고 학대하는 것이 당연한 것으로 받아들여지게 되었다는 말이다.

단군 신화의 경우 곰이 인간이 되었다는 모티프는 인간과 동물이 교통할 수 있었던 대칭의 시대를 암시한다. 즉, 인간과 동물 사이에는 서로 통할 수 있는 통로가 존재했으며 그 통로를 통해서 변신도 가능했다는 말이다.

두 번째의 중요한 모티프는 곰과 호랑이의 대립 구도이다. 신웅에게 찾아간 곰과 호랑이는 인간이 되기를 간청하지만 곰만이 그 시련의 과정을 이겨내어 마침내 인간이 된다. 여기에도 한국적인 사상이 깃들어 있다.

---

7 『삼국유사』, 일연 지음/이동환 옮김, 도서출판 장락, p. 23.
8 『곰에서 왕으로』, 나카자와 신이치, 동아시아, 2002년.

흔히 신화에서 시련을 극복하는 방법은 셋으로 분류할 수 있다. 첫 번째 방법은 헤라클레스형이다. 헤라클레스가 12가지의 과업을 완수하는 것처럼 주어진 역경을 과감하게 이겨내는 방법이다. 두 번째는 지혜를 통한 시련의 극복 방법이다. 대표적인 주인공이 스핑크스의 수수께끼를 푼 오이디푸스이다. 마지막으로는 우리의 단군 신화에서 나타나듯이 인내형이다. 흔히 한국인들은 역경을 이겨내는 방법으로 인내를 택하는 경우가 많다. 적극적인 도전과 상대방을 굴복시키기 보다는 극기를 통하여 난관을 극복하는 경우가 그것이다. 단군 신화에서 웅녀가 된 곰도 마찬가지이다. 즉, 곰이 호랑이와 겨루어 인간이 된 것이 아니라, 어려운 환경에서 인내를 통해 인간이 된 것이다.

신화로서의 단군 신화와 그 해석

단군 신화는 웅녀에게서 태어난 단군왕검이 도읍을 아사달에 정해 나라를 열었다는 내용을 담고 있다. 그러므로 신화의 특성상 단군 신화는 창조 신화이기 보다는 건국 신화에 가깝다. 단군 신화에는 천지가 어떻게 창조되었는지, 인간이 어떻게 만들어졌는지에 대해서는 언급이 없다. 이미 우주와 인간이 창조된 이후, 동물이 인간이 되기를 원하는 시점에서 시작된다.

단군 신화는 그런 점에서 전형적인 건국 신화에 속한다. 고구려의 주몽 신화와 박혁거세의 탄생 신화가 건국 신화의 범주에 속하는 것처럼, 우리 신화의 대부분은 건국의 당위성과 그 시조의 신비스런 탄생에 초점을 맞추고 있다.

단군 신화는 홍익인간이라는 건국의 이념을 우리에게 전하고 있으며, 인간이 우주와 동물 세계의 중심적 존재임을 말하고 있다. 환인의 아들 환웅이 인간 세계에 관심을 가진 이유와, 곰이 인간이 되기를 간절히 바랬던 까닭도 인간이 우주와 지상의 중심에 서있는 존재이기 때문이다.

대부분의 신화에서는 신들조차 극단적인 대립을 보인다. 그 결과 부모나 형제를 죽이는 일도 서슴지 않는다. 이집트 신화에서 악의 신 세트가 형제인 오시리스를 죽여 나일강에 버리는 이야기, 아버지가 아들을 잡아먹는 크로노스의 이야기에서 보듯이 다른 나라의 신화에서는 극단적인 대립의 구조가 상존한다.

그러나 단군 신화에서는 이러한 대립 구조를 찾아 볼 수가 없다. 먼저 원전의 '부지자의(父知子意)'란 표현은 '아버지가 아들의 뜻을 알다'라는 의미이다. 즉, 환인의 아들 환웅이 인간 세상에 관심을 가지자 아버지는 아들의 뜻을 이해한다는 뜻이다. 서양의 신화에서 자주 등장하는 아버지와 아들의 대립 구도가 단군 신화에서는 조화의 관계로 설정되어 있다. 이 밖에도 곰과 호랑이의 등장도 투쟁을 통한 목적의 성취가 아니라, 인내를 통해 자신이 원하는 것을 이룰 수 있다는 한민족의 보편적 가치 규범을 전하고 있다.

1. 서자 환웅

단군 신화에서 환인의 아들 환웅은 서자(庶子)라는 말이 나온다. 여기에서는 '서자'라는 말이 우리의 관심을 끈다. 흔히 알려진 것처럼 '서자'하면 조선 시대의 의미가 머리에 떠오른다. 허균의 『홍길동전』에서 서자는 적자가 아닌 소실의 자식을 일컫는다. 그렇다면 단군의 아버지이자 환인의 아들인 환웅이 '첩의 자식'이란 뜻인가? 한 나라의 건국 신화의 주인공으로는 격이 맞지 않는다.

'서자'에 대한 설명으로는 유명철[9]의 단군 신화에 대한 설명을 보자.

그는 '서자'의 의미를 동북 아시아 유목 민족의 풍습을 통해 설명한다. 본래 이 지방의 유목민들은 여러명의 자식을 거느리고 있는 경우 막내 아들만 남겨 두고 떠난다고 한다. 결국 막내 아들이 남아서 아버지의 지위를 이어받는다는 것이다. 그러므로 단군 신화에서 환웅이 서자라는 사실은 아버지를 계승하는 아들로 볼 수 있다.

이번에는 일반적인 신화의 세계로 들어가 보자. 신화 같은 설화 문학에서는 여러 명의 자식이 한 부모로부터 태어나지만, 대개 막내가 신화적 모티프를 완수한다. 그리스 신화의 주신(主神) 제우스의 탄생을 보자. 아버지 크로노스는 자신이 우라노스를 제거한 것처럼 자식 중의 한 명이 자신을 제거할지 모른다는 생각에 태어나는 자식을 곧바로 삼켜버린다. 제우스의 형제인 포세이돈, 하데스, 헤스티아, 데메테르 그리고 헤라가 바로 그들이다. 마침내 막내 제우스가 태어난다. 그러자 크로노스의 아내 레아는 제우스 대신에 보자기에 싼 돌을 크로노스에게 바쳐 제우스의 목숨을 구한다. 결국 제우스는 크레타 섬에서 청년으로 성장한 뒤 돌아와 아버지를 제거하고 형제들을 구한다.

신화의 전개는 대개 이런 방식이다. 아버지의 지위를 장자가 별다른 갈등 없이 물려받는 것 보다 막내가 역경을 헤치고 아버지의 지위를 물려받는 것이 훨씬 더 극적인 효과를 전할 수 있기 때문은 아닐까? 신데렐라 부류의 설화에서도 마음씨 고약한 언니들은 왕자와 결혼하지 못하지만 막내인 신데렐라가 왕비가 된다는 것도 같은 맥락에서 이해할 수 있다.

9 http://jsd.snu.ac.kr/jsd/forum/5.htm

신화의 논리 구조

먼저 단군 신화의 구조는 하늘과 땅 그리고 인간의 세 요소로 이루어져 있다. 한글의 창제 원리처럼 천·지·인의 삼요소로 구성되어 있다. 먼저 하늘/땅의 대립 구도를 보자. 하늘을 '밝음'을 땅은 '어둠'을 상징하며 대립한다. 환인과 환웅은 천상의 신들이고 땅은 곰으로 상징된다. 환인의 '환'을 '환하다'의 뜻과 연결시켜 설명하는 논리는 이런 점에서 설득력이 있어 보인다.

대지의 상징 곰은 어둠을 의미한다. '밝음'의 하늘과 '어둠'의 대지가 대립하는 것처럼 보이지만 곰은 웅녀가 되고 환웅과 웅녀 사이에서는 단군왕검이 태어난다. 이러한 논리 구조는 대립의 관계로 설정할 수 있는 밝음과 어둠, 즉 하늘과 대지가 조화를 이루어 인간이 태어났다는 사실을 의미한다.

단군 신화의 논리 구조를 조금 더 형식적으로 단순화 시키면 아래의 구조와 같다.

환인
|
(+)
|
호랑이 ← (−) → 환웅 — (+) — 곰(웅녀)
|
(+)
|
단군

단군 신화의 절정은 역시 곰이 웅녀가 되어 환웅과 인연을 맺는 장면이다. 먼저 웅녀는 신들이 던진 시험의 조건을 통과해야 한다. 신데렐라처럼 대모 요정이 마법의 지팡이를 휘둘러 공주가 되는 것과는

다르다. 이 경우 이야기를 듣는 사람들은 그만큼 설화의 사실성을 의심하게 된다. 그런 면에서 단군 신화에는 적절한 매개체가 등장한다.

먼저 곰과 호랑이는 빛이 차단된 동굴에서 백일을 견뎌야 하는 시련을 주문받는다. 호랑이는 사나운 동물이고 음양의 측면에서 본다면 양이 더 강한 동물로 볼 수 있다. 한편 환웅의 등장은 여성의 등장을 암시한다. 그렇다면 호랑이와 곰 중에서 어떤 동물이 환웅의 배필이 될 것인가? 신화의 논리구조상 양의 기운을 가진 호랑이보다 음의 상징이자 대지의 상징인 곰이 여인이 된다는 사실은 신화의 내용 전개상 설득력이 있는 부분이다.

두 번째의 매개체는 마늘과 쑥이다. 둘 다 약초처럼 사용되는 식물이다. 이러한 식물이 매개체로 등장하는 이유는 인간이 되기 위해서는 각고의 인내를 필요로 한다는 사실을 암시하고 있다. 대부분의 신화에서 영웅들은 고비마다 주어진 과제를 힘으로, 때로는 지혜로 풀어 가는데 단군 신화에서는 약초를 먹고 인내해야만 인간이 된다는 사실을 보여주고 있다.

언어적인 신화 분석

신화는 본래 언어를 통해 기록된 것이기에 상징 체계로 이루어진 언어의 특징을 간직하고 있다. 그러므로 신화가 전하려고 하는 의미는 신화의 내용을 이루고 있는 언어의 의미-보통 은유와 비유로 되어 있음-를 분석하면 신화의 상징성을 읽어낼 수가 있다. 그런 면에서 단군 신화를 언어적인 관점에서 분석해 보자.

1. '환'의 의미

삼국유사에는 환인과 환웅의 '환'을 '박달나무 환(桓)'으로 적고 있다. 그렇다면 환인과 환웅은 박달나무가 성목(聖木)인 신으로 받아들여야 할까? 마치 그리스 신화의 제우스의 성목이 떡갈나무인 것처럼. 그러나 단군 신화를 해석하는 대부분의 학자들은 이러한 견해에 동의하지 않는다. 오히려 환인과 환웅의 한자를 음역하여 한국어의 의미와 연결시킨다. 이러한 주장은 다음과 같이 설명할 수 있다.

먼저 '환'의 의미는 형용사 '환하다'와 관련시켜 생각할 수 있고, 하늘의 '해'와 형용사 '희다'도 같은 어원적 의미로 파악할 수 있다. 그렇다면 위에서 설명한 신화의 논리 구조는 정확히 맞아떨어진다. 즉, '밝음'을 상징하는 환인과 환웅이 대지의 상징인 '어둠'-신화에서는 '곰'이 어둠을 상징-과 조화를 이루어 단군이 태어났다는 신화의 구조와 일치한다. 마찬가지로 환웅이 내려온 '태백산'의 '백'도 '밝음'을 의미한다고 볼 수 있다.

2. '3'의 의미

모든 신화에서 숫자는 중요한 의미를 가진다. 언어의 상징성이 신화에서 중요한 역할을 하는 것처럼 숫자의 상징성 또한 신화의 의미를 분명하게 만든다. 단군 신화는 '3'의 잔치라고 불릴 정도로 '3'이라는 숫자가 많이 등장한다. 노자는 도덕경에서 "도는 1을 낳고, 1은 2를 낳고 3은 만물을 낳는다"라고 말했다. 이 말은 2가 대립의 수라면 '3'은 완벽한 조화의 수라는 의미로 받아들일 수 있다는 말이다.

신화에 나타난 '3'의 의미를 보자. 먼저 환인은 환웅을 낳고 다시 환웅은 웅녀와 함께 단군왕검을 낳는다. 3대에 걸쳐 조선을 건국한 단군왕검이 태어난 것이다. 이보다 앞서 환웅은 태백산에 내려올 때 천부인 세 개를 환인으로부터 받는다. 그리고 환웅은 무리 삼천명과 풍백(風伯)·우사(雨師)·운사(雲師) 등 세 명의 신하를 거느리고 태백산에 내려온다. 역시 '3'이라는 수가 중요한 역할을 하고 있음을 알 수 있다. 마찬가지로 곰은 삼칠일 만에 웅녀로 변하는데 삼칠일 역시 '3'의 배수이다.

곰에서 신으로

단군 신화에서 곰이 웅녀로 변하여 단군왕검을 낳았다는 모티프는 신화의 핵심을 이룬다. 왜 하필 '곰'이었는지에 대해서는 위에서 설명한 바 있다. 그렇다면 이번에는 곰의 의미를 짚어보자. 신화 속의 곰은 단순히 생물학적인 동물에 속하는가?

먼저 곰을 토템의 상징으로 간주하는 주장에 대해 살펴보자. 본래 토템은 한 민족이 동일시하는 동물을 상징 동물로 삼는다. 그렇다면 단군 신화에서 곰이 토템이 되려면 우리 민족은 스스로를 곰의 자손이라고 여기고, 한 걸음 더 나아가 민족명에도 곰의 명칭이 들어가야 할 것이다. 예를 들어 중국의 변방에 거주하던 '북적'(北狄)은 이리를 토템으로 삼은 부족이며, 견융(犬戎)은 개를 토템으로 숭배하는 부족이다. 그런데 우리 민족에서는 그런 명칭을 찾아볼 수 없다.

우리 민족에서 토템의 상징 동물은 곰보다 오히려 호랑이로부터 찾을 수 있다. 전해 오는 민담에 단골로 등장하는 동물은 바로 호랑이이며, 예로부터 산신으로 숭배받았다는 점에서 호랑이의 토템적 성격을 확인할 수 있다. 그렇다면 왜 단군신화에는 호랑이 대신 곰이 인간이 되어 단군을 낳았을까?

앞에서 언급한 유명철은 언어적인 면에서 곰의 상징성을 설명하려

했다. 먼저 한국어에서 곰의 고대어는 'koma'였는데' 백제의 수도 공주를 웅진으로 표기하고 '고마나루'로 읽었던 것에서 확인할 수 있다. 그런데 한반도 주변의 지역에서도 'kom'과 비슷한 소리를 가진 말들이 발견된다. 예를 들어 시베리라의 무당은 'kham', 몽고족의 우두머리는 'khan', 일본어에서 'kami'는 '신(神)'을 의미한다. 신라의 왕들을 지칭하던 'khum'과 'kahn'은 '이사금'과 '마립간'에 '왕'이라는 명칭으로 남아 있다. 그렇다면 동북 아시아에서 발견되는 '곰'이라는 말들은 무엇을 의미하는가?

먼저 '곰'이라는 말은 생물학적 의미의 동물보다는 '신', '우두머리', '무당' 등과 같은 의미를 지닌 말로서 간주할 수 있다. 그 경우'곰'은 상징적인 의미를 지닌다. 그렇다면 이런 추론이 가능하다. 본래 곰을 수렵의 신으로 숭배하던 시베리아 지방에서 '곰'은 신을 의미하는 말이었다. 그런데 '곰'이 다른 문화권, 예컨대 농경문화권으로 들어오면 처음에는 '신'이라는 의미로서 '곰'이 들어왔을 것이다. 그 다음 '곰'은 생물학적 의미로서 동물을 가리키는 말로 그 지시 대상이 바뀌게 된다. 다시 말해 단군 신화의 '곰'은 그 의미를 다중적으로 해석할 수 있다. 동북 아시아 지방에 널리 퍼진 '신'이라는 의미와, 나중에 생물학적 의미로 전이된 동물로서의 '곰'이 그것이다.

그렇다면 단군 신화에서 '곰'은 단순한 생물학적 의미로서의 곰을 뛰어넘어, 동북 아시아에 널리 퍼진 '신'의 의미로 해석할 수 있을 것이다. 다시 말해 하늘의 신을 대표하는 '환웅'이 지모신을 대표하는 '곰'과 조화를 이루어 그 사이에서 단군이 태어났다고 신화를 해석할 수 있다. 즉, 하늘과 대지의 조화에서 인간이 태어났다는 것이 단군 신화가 전하는 정수인 것이다.

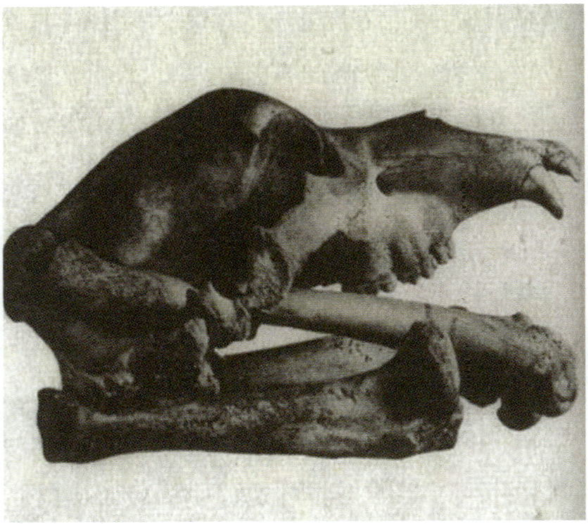

곰의 의미 구석기 시대의 유적인 독일의 드라헨로흐 동굴에는 곰의 두개골에 인간의 대퇴부 뼈를 넣은 유적이 발견되었다. 구석기인들이 무슨 의식을 하고 있었을까? 시베리아 지방을 중심으로 널리 퍼져 있는 곰 숭배 사상은 어떻게 이해해야 할까? 일본어에서 곰은 '구마'라고 한다. 왜 하필 다른 동물은 다른데 한국어와 일본어는 곰이라는 동물만 동일한 말을 사용할까?

시베리아 샤먼
시베리아의 한 샤먼이 굿을 하기 위해 전통 복장을 한 뒤 큰 북을 들고 서 있다. 시베리아의 한 지방에서는 무당을 'kham'이라고 부른다.

조금더 생각하기

동굴 뛰쳐나간 호랑이는 어떻게 되었을까?

역사는 승자의 편에서 적은 이야기입니다.
그래서 그런지 단군 신화에서 패자 아닌 패자
호랑이의 종적에 대해서는 더 이상 언급이 없습니다.
개인적인 생각인데 혹시 호랑이는 스스로 인간이 되었거나
인간과 교합하여 자손을 퍼뜨리지 않았을까요?

사실 동물을 숭배하는 토테미즘의 관점에서 보면 우리 민족에게는
곰보다 호랑이가 토템의 성격이 강합니다.
그래서 그런지 우리의 전래 민담에서는 곰이 거의 등장하지 않습니다.
인간과 각별한 관계를 맺는 동물은 언제나 호랑이기 때문이죠.

조선의 민담 중에는 홍수 뒤에 살아 남는 오누이의 이야기가 나옵니다.
그런데 그들은 결혼을 못하고 늙어가죠.
서양 신화에서 흔히 등장하는 근친상간의 모티프를 우리 민담에서는
일부러 피하는 것입니다.
이 때 호랑이 한 마리가 한 남자를 물어와 누이와 결혼시킵니다.
이 후 자손이 번창했다는 이야기죠.

이 설화에서 호랑이는 신성한 존재로 등장합니다.
실제로 단군 신화의 이본이 실려 있는 묘향산지에는 곰이 아니라
호랑이가 사람이 되어 단군을 낳았다고 적혀 있습니다.
신화란 본래 수많은 이본이 존재하기 때문에

어떤 것이 원형에 가까운지 밝히는 문제는 결코 쉬운 일이 아닙니다.

우리 민족에게 호랑이는 산신의 의미를 갖습니다.
산에 사는 신령스런 동물이 바로 호랑이란 뜻이죠.

사실 동북 아시아에서 곰은 신성한 동물로 간주된 것이 사실이지만
호랑이도 곰과 비슷한 대접을 받았습니다.
그렇게 때문에 환웅의 배필로 두 동물이 선택된 것입니다.

신화란 이렇게 끊임 없이 우리에게 아리송한 질문을 던져 놓습니다.
그 해답은 항상 우리의 몫이니까요. . .

제 4장

신화의 원류 : 이집트 신화

제 4장

신화의 원류 : 이집트 신화

세계 4대 문명의 하나로서 그리스 로마 문명에 큰 영향을 미친 이집트 문명은 많은 고대 유적을 통해 잘 알려져 있다. 그러나 고대 이집트 문명의 실체가 본격적으로 알려진 것은 불과 200년도 채 되지 않는다. 로마 제국이 멸망한 476년 이후 고대 이집트 문명은 서구인들로부터 멀어져 갔기 때문이다. 특히, 고대 이집트 문명을 설명해 줄 수 있는 상형 문자를 19세기까지 해독할 수 없었던 것도 한 몫을 했다. 그러던 중 1824년 프랑스의 이집트학 학자 장폴 샹폴리옹이 상형 문자의 해독에 성공하여 서구인들에게 잊혀졌던 찬란한 고대 문명이 빛을 보게 되었다. 우리의 관심 대상인 이집트 신화의 실체를 본격적으로 연구할 수 있게 된 것이다. 이제 서구 문명에 큰 영향을 미친 이집트인들의 정신세계를 가장 잘 보여 주는 이집트 신화에 대해 접근해 보자.

이집트 신화의 특징

흔히 이집트인들은 사후 세계를 중시했기 때문에 죽은 다음에도 시신을 미라로 처리하여 매장했다고 알려져 있다. 그렇다면 이집트인들은 사후 세계를 현세보다 더 중시하며 살았을까? 대답은 '그렇지 않다'이다. 고대 이집트인들은 매년 범람하는 나일강의 덕분으로 풍요로운 삶을 누리고 살았다. 그들은 죽음을 잠시 동안 혼령이 육체를 이탈하여 다음 날 아침에 돌아오는 수면과 동일시했다. 다시 말해 고대 이집트인들은 죽음이라는 것을 이승에서의 삶이 저승에서도 그대로 이어지는 것으로 생각했다. 이 말은 그들이 저승 세계를 위해 이승의 삶을 살았다는 말이 아니며, 인생은 이승에서 저승으로 옮겨가는 것에 불과하다고 고대 이집트인들은 생각했다는 말이다. 물론 이집트 신화에서는 저승 세계를 관장하는 신들이 최고의 신으로 등장한다. 그렇다고 고대 이집트인들이 사후 세계를 위해 이승의 삶을 살았다고 확대해석할 필요는 없다.

대부분의 신화에서 발견되는 것처럼 이집트 신화도 창조 신화에서 시작된다. 인류의 가장 오래된 철학이자 과학인 신화는 만물의 생성에 대해 큰 관심을 가지고 있기 때문이다. 이집트인들도 신화를 통해 과학적인 방법 또는 철학적인 방법으로 만물의 생성을 설명한다.

일반적으로 신화에서 동물과 인간은 교통하여 인간이 동물이 되기도 하고, 동물이 인간이 되기도 한다. 이집트 신화의 경우, 매의 머리를 하고 있는 태양신 '라', 따오기 머리의 지혜의 신 '토트'등, 대부분의 신들이 반수반인의 모습을 하고 있다. 이렇듯 이집트 신화에 등장하는 신들이 동물의 머리를 하고 있다는 사실은 신화야말로 인간과 동물이 대칭적인 관계에 있음을 잘 보여 주는 예라고 말할 수 있다.

그리스 신화와의 고리

인류가 발명한 대표적인 알파벳은 그 기원을 페니키아 문자에서 찾는다. 그리고 페니키아 문자에서 그리스 문자가 만들어졌고 그리스 문자는 로마 알파벳의 모태가 되었다. 그런데 페니키아 문자도 더 올라가면 이집트의 상형 문자와 만난다. 이집트의 상형 문자가 인류가 발명한 알파벳들의 정점에 있는 셈이다. 그렇다면 페니키아인들은 이집트의 상형 문자만 받아 왔을까?

문명의 교류는 여러 방면에서 이루어진다. 언어와 문자가 전해질 경우 신화 같은 설화들도 함께 전해진다. 그런 점에서 이집트 신화는 페니키아인들을 거쳐 그리스인들에게도 전해졌을 것이다. 사실, 그리스인들은 자신들의 신을 이집트 신화의 신들과 동일시하는 경우가 많았다. 예를 들어 저승 세계의 최고의 신이자 부활의 신인 오시리스는 그리스 신화의 디오뉘소스와 동일시했으며, 세트의 아내인 네프티스는 아프로디테로 여겼다.

지리적인 면에서 그리스인들은 일찍이 오리엔트 지방과 이집트 문명의 영향을 많이 받았다. 그 결과 그리스 신화에는 이집트와 메소포타미아 신화의 영향을 곳곳에서 발견할 수 있다.

신화의 세계

이집트 신화에서 천지 창조의 비밀은 여러 신들이 풀어 가는데, 창조의 신인 눈 Nun, 태양신 라 Ra, 또 다른 창조의 신 프타 Ptha, 하늘의 신 누트 Nut와 대지의 신 게브 Geb 등 많은 자연신들이 등장한다. 신화의 주인공들을 하나씩 보자.

1. 신의 아버지, 눈 Nun

그리스 신화의 카오스 Chaos를 말하며, 무정형 상태의 혼돈을 가리킨다. 눈은 오직 지적인 관념에 국한된 신이기 때문에 신전도 없고 숭배자도 없었다. 흔히 물 속에 몸을 반쯤 담근 채 위로 뻗친 팔로 그 자신에게서 탄생한 신들을 받치고 있는 인간의 모습으로 표현된다. 나일강을 의인화했다는 해석도 있다.

2. 태초의 빛, 아툼 Atum

눈 Nun의 어두운 바다에서 스스로 태어난 아툼을 헬리오스의 사제들은 태양신 라와 동일시했다. 일반적으로 아툼은 인간의 선조라고 생각됐으며, 항상 왕의 '푸스칸트'를 쓴 남자의 모습으로 표현되었다. 그는 여자의 도움 없이 자신의 몸에서 게브, 누트, 슈, 테프누트를 낳았다. 헬리오폴리스에서는 창조의 신으로 숭배되었다.

그의 이름은 '모든 것'을 의미한다. 남성과 여성, 신과 인간 등 미래에 이루어질 모든 창조의 본질을 그가 내포하고 있음을 가리킨다. 그의 첫 번째 행위는 자신을 인간의 모습으로 결집시키는 것이었다. 그러고 나서 그는 허공에 재채기를 해서 신들의 조상인 슈 그리고 테프누트를 창조하였다.

3. 태양의 신, 라 Ra

매의 머리에 적을 향해 덤벼드는 코브라-코브라 여신은 즉시 죽음을 내릴 수 있는 라신의 강력함을 상징-가 둘러싼 태양 원반을 쓰고 있다. 이집트인들은 지평선을 따라 움직이는 태양의 길을 라가 하늘을 항해하는 것이라 생각했다. 석양이 지면 라는 지하 세계로 내려가는데 그곳에는 거대한 뱀 아페트가 라를 암흑의 길로 밀어내려고 한

아툼 아툼은 몸 전체가 물결로 이루어져 있다. 이는 아툼이 혼돈의 상태인 눈 Nun에서 태어났음을 암시한다. 아툼의 왼팔이 없다는 것은 받기 위한 손이 없다는 것이고, 주기 위한 오른 손만을 가지고 있다. 오른 손에 세 개의 앙크－생명의 상징－를 가지고 있음은 아툼이 '생명을 주는 자'라는 의미로 해석할 수 있다.

태양신 라 고대 이집트 왕국의 파라오 람세스 2세의 이름은 '태양신 라가 낳으신 분'이란 뜻이다. 태양신을 숭배했던 고대 이집트인들은 파라오를 태양신의 아들로 여겼다. 파라오의 모습으로 그려진 라신은 오른손에는 생명의 고리 앙크와 도리깨 그리고 왼손에는 홀을 쥐고 있다.

다. 그러나 라는 언제나 승리하고 다음 날 다시 떠오른다. 가장 강력한 태양신인 라는 다양한 동물로 상징된다. 먹이를 쫓아 하늘로 날아오르는 새, 허둥대는 풍뎅이의 모습으로 나타나기도 한다.

4. 창조와 기술의 신, 프타 Ptah

'조각가'라는 의미의 프타는 미라의 형상으로 등장한다. 프타를 숭배하는 도시 멤피스에서는 눈 Nun처럼 우주를 건설한 신으로 간주되었다. 이집트인들은 '심장'이 생각의 원천이고, 목소리는 신들의 생명과 호흡을 상징한다고 믿었다. 그러므로 프타의 심장과 혀를 통해 신과 인간 그리고 가축과 생물들이 태어났다는 설명은 언어가 지니는 신성함의 상징으로 볼 수 있다. 또한 프타신은 성경의 구절처럼('태초에 말씀이 있었다') 신의 심장(사랑)과 혀(말)를 통해 물질이 정신적인 차원에서 형성되었음을 상징하고 있다. 프타는 특히 장인, 예술가, 그리고 석공의 존경을 받았다.

프타 아툼이 카오스의 상태에서 우주를 생성했다면 프타는 혀와 말로써 세계를 창조했다. 아툼이 하드웨어를 창조한 신이라면 프타는 소프트웨어의 신이다.

아툼의 천지 창조 이론은 현대 과학의 설명과 매우 흡사하다. 혼돈의 상태에서 빅뱅을 통해 우주가 생성된 것처럼 아툼은 혼돈의 상태에서 입자들을 모아 우주를 창조했다. 그러나 프타신은 말[言]을 통해 천지를 창조했다고 고대 이집트인들은 생각하고 있었다.

5. 하늘의 여신, 누트 Nut

고대 이집트인들은 하늘의 신을 여성으로, 그리고 대지의 신을 남성으로 창조해 냈다. 하늘의 신 누트 Nut는 낮 동안에는 남편인 게브 Geb와 분리되어 있지만, 저녁에는 누트가 게브에게로 내려온다. 누트의 배에는 별이 아로새겨져 있는데 공기의 신 슈 Shou가 받치고 있다. 하늘의 신 누트와 관련된 것 중에서 고대 이집트인들은 천둥을 누트의 웃음소리라고 여겼다.

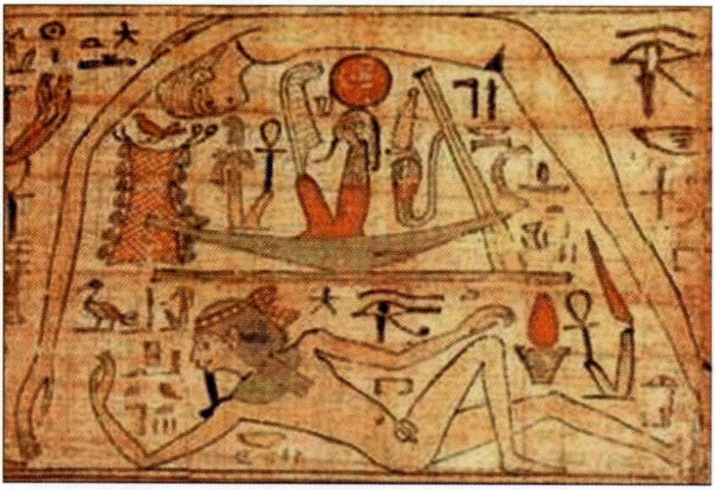

누트와 게브 하늘의 신 누트와 대지의 신 게브의 모습이다. 낮에는 서로 떨어져 있지만 밤에는 누트가 땅으로 내려와 하나가 된다. 대개 신화에서 하늘은 남성신이고 대지는 여성신이지만 이집트 신화에서는 정반대이다.

일반적인 신화에서 하늘의 신은 남성, 대지의 신은 여성으로 상징되는데 이집트 신화의 경우는 그 반대이다. 이러한 관계는 상형 문자에도 그대로 적용된다. 상형 문자에서 어머니는 독수리, 그리고 아버지는 뿔이 달린 살무사로 각각 표기된다.

6. 대지의 신, 게브 Geb

대지의 신 게브는 하늘의 신 누트와 함께 부부로 등장한다. 게브는 공기의 신 슈에 의하여 그의 아내이자 누이동생인 누트와 떨어졌기 때문에 비탄에 잠긴다. 그리고 밤낮을 가리지 않고 슬픔에 젖어 운다. 그러나 밤이 찾아 오면 둘은 하나가 된다. 게브와 누트는 오시리스를 비롯해 다섯 신을 낳아 게브에게는 '신들의 아버지'라는 칭호가 주어졌다.

7. 공기의 신, 슈 shou/습기의 여신 테프누트 Tefnut

슈는 공기, 바람, 대기의 신이다. 그 의미는 '비어 있음'을 뜻하며, 쌍둥이 남매 테프누트(습기)와 결혼했다. 보통 수염이 난 남자로 그려진다. 테프누트는 슈의 누이동생이며 사자의 모습을 한 여자의 모습으로 표현된다. 그리스인들은 테프누트를 아르테미스와 동일시했다.

죽음과 부활의 신, 오시리스

고대 이집트인들은 인간이 죽으면 저승에 내려가 심판을 받아 다시 환생한다고 믿었다. 저승에서 망자는 신의 심판을 받아야 했는데, 그 신이 바로 오시리스이다.

오시리스 이집트 신화의 주인공 오시리스. 사악한 세트에 의해 목숨을 잃었지만 아내 이시스에 의해서 부활한다. 사후 세계에서 망자의 영혼을 심판한다

본래 오시리스는 누트와 게브 사이에서 태어난 남신이었다. 그런데 악의 신 세트의 저주를 받아 죽음을 당하게 된다. 오시리스가 겪은 파란만장한 이야기를 보자.

오시리스의 탄생

오시리스는 하늘의 여신 누트와 대지의 신 게브의 자식이었다. 그런데 어찌된 영문인지 강력하고 가끔은 심술궂었던 태양신 라는 둘의 사랑을 시샘했고 결혼을 금지했다. 그러나 누트와 게브가 라의 명령을 어기고 결혼을 하자 이에 분노한 라는 1년 360일 동안 아이를 낳을 수 없도록 만든다.

라신의 노여움을 사서 서로 만날 수 없던 누트와 게브는 지혜의 신 토트의 도움으로 다시 만날 수 있었다. 토트는 라신과 체스 게임에서 승리하여 70초의 달빛을 얻음으로써 누트를 구출한다. 이로 인해 5일의 윤일이 생겨나 이 닷새 동안 누트는 게브와 사랑을 나눠 오시리스, 이시스, 세트, 네프티스 그리고 대(大)호루스를 낳는다.

세트의 질투

오시리스는 누트의 자궁 속에 있을 때 이시스와 사랑에 빠졌다. 신들의 사랑은 이렇듯 근친간의 사랑도 막을 수 없는 법이다. 아마도 태초에 인류가 자손을 퍼뜨리기 위해 선택한 방법을 신화는 신들을 통해 자연스럽게 말하고 있는지 모른다. 오시리스와 이시스는 이집트인들에게 농업, 건축, 의학, 과학, 미술, 종교 그리고 바느질을 가르쳐 주었다. 당연히 이집트인들이 가장 존경하는 신으로 자리를 잡게 된다. 한편 오시리스가 자리를 비울 때 이시스는 계단 모양의 왕관을 쓰고 이집트를 다스렸다. 그러나 호사다마라고 할까? 둘 사이의 사랑을 질투하는 신이 있었으니 바로 악의 신 세트였다. 세트는 간교를 꾸며 오시리스의 몸에 맞춘 관을 열어 놓는다. 아무도 그 관에 맞는 사람이 없었으나 오시리스가 눕자 관이 딱 들어맞았다. 그 순간을 놓치지 않고 세트는 재빨리 관에 못을 박아 나일강에 던져 버린다.

이시스의 방랑

오시리스를 잃은 이시스는 남편의 관을 찾아 사방을 헤매고 다닌다. 결국 오시리스의 관은 페니키아의 비블로스로 흘러들어가 타마리스크 나무에 박혀 있다는 사실을 알아 낸다. 그러나 비블로스의 왕은 그 나무의 크기와 아름다움에 반해 왕궁의 기둥으로 사용한다. 이시스는 남편의 관이 박혀 있는 기둥을 얻기 위해 왕자의 유모로 들어간다. 왕자는 병에 걸려 있었는데 이시스는 아이에게 불멸성을 주려고 그에게 접근한다. 그러나 왕비가 이시스가 행하는 불멸의 의식을 보고 비명을 질러 의식은 수포로 돌아간다. 하지만 이시스의 정성 덕분에 왕자는 병에서 회복된다.

오시리스의 환생

아이의 회복의 대가로 이시스는 왕궁의 기둥을 얻어 돌아온다. 그러나 세트가 그 사실을 알게 되어 오시리스의 시신을 열네 토막으로 잘라 왕국 전역에 뿌린다. 이시스는 세트의 부인인 네프티스의 도움을 받아 남근을 제외한 모든 부분을 되찾는다. 나일강에 던져진 남근은 게의 먹이가 되었기 때문이다. 그러나 토트신의 도움으로 남근의 모형을 만들어 이시스는 임신을 하게 된다. 이에 분노한 세트는 그녀를 감옥에 가뒀으나 다시 토트의 도움으로 탈출할 수 있었고, 자신이 오시리스의 자식을 임신하고 있다는 사실을 숨길 수 있었다. 그녀는 부토의 습지에 숨어 일곱 마리의 뱀의 보호를 받으며 아들 호루스를 낳는다.

오시리스 신화의 의미

명계의 신 오시리스가 이집트 신화의 주인공이라는 사실은 고대 이집트인들이 생각했던 사후 세계를 잘 보여 주고 있다. 이집트인들은 사후에도 영혼은 부활한다고 생각했고, 영혼이 부활하기 위해서는 명부의 신 오시리스가 주관하는 관문을 통과해야 했다.

오시리스는 부활의 신이다. 겨울이 지나 봄이 오면 만물이 소생하듯이 오시리스의 얼굴은 초록색으로 칠해져 있다. 그리스인들이 오시리스를 디오뉘소스와 동일시한 이유도 여기에 있다.

세트는 오시리스의 관을 나일강에 버려 바다로 흘러가게 한다. 그런데 바다는 생명의 근원이자 귀환의 장소이다. 태초에 '우주적 혼란의 바다'였던 눈 Nun에서 빛이 생기면서 생명이 탄생했듯이 관 속에 들어 있는 오시리스는 본래 태어난 곳, 즉 바다로 다시 돌아가는 것이다.

오시리스와 이시스가 이집트인들에게 지혜를 가르쳐준 신이라면 악의 신 세트는 정반대의 대극점에 있는 신이다. 세트가 오시리스의 시신을 열네 토막으로 잘라 이집트 전역에 뿌렸다는 사실로 미루어 세트는 분열의 신이라고 볼 수 있고, 그의 아내 네프티스는 오시리스의 시신을 다시 모아 오시리스의 부활을 도와주는 결합의 신이다.

1. 오시리스의 아들, 호루스

우여곡절 끝에 이시스는 토트의 도움을 받아 오시리스의 자식을 낳는데 그가 바로 호루스이다. 그리스인들을 호루스를 태양신 아폴론과 동일시하였고, 이집트인들은 하늘을 나는 매로 형상화시켰다. 호루스의 두 눈은 태양과 달을 상징한다. 부활의 신 오시리스의 아들답게 호루스는 망자들을 오시리스 앞으로 안내하여 영혼의 무게를 재는 일을 감독한다. 그는 또한 파라오의 수호신이기 때문에 파라오는 살아 있는 호루스라고 불렸다.

2. 지혜와 지식의 신, 토트

따오기의 머리를 하고 있는 토트는 상형 문자를 인간에게 전해준

신이기도 하다. 기록에 의하면 토트는 오시리스 일가의 고관이었으며, 왕의 서기였다고 한다. 이집트인들은 따오기처럼 긴 부리를 통해 한번에 먹이를 쪼아 먹는 새야말로 정확한 기록을 요구하는 서기에 가장 잘 어울리는 동물로 생각했던 모양이다.

토트는 태양신 라의 심장이자 혀인 동시에 신성한 지성을 나타낸다. 그는 언어와 글, 과학과 예술, 의학, 마법, 수학, 천문학, 점성술 및 알려지지 않은 모든 지식을 창조했다. 그는 또한 '시간의 측정자', '지식의 수호자'이며 '기록자'로 불린다. 누트와 게브가 태양신 라의 방해로 자식을 낳을 수 없을 때 체스 게임을 통해 라로부터 70여 초의 시간을 빼내어 1년에 5일을 추가시킨 주인공도 바로 토트였다. 토트는 사후 세계의 진리의 전당에서 심장의 무게를 재는 의식을 기록하는 장본인이며, 그리스 신화의 지혜의 신 헤르메스에 비유된다.

정의와 진리의 신, 마트 이집트 신화에서 머리에는 타조 깃털을 꼽은 채 똑바로 서 있거나 앉아 있는 여신이 바로 진리의 신 마트이다. 마트의 머리에 꼽힌 깃털은 진리의 전당, 즉 마트의 전당에서 벌어지는 '심장의 무게 달기' 의식에서 죽은 자의 진실성을 판단하는 기준이 된다.

3. 죽은 자를 인도하는 아누비스

이집트 고분의 벽화에는 자칼의 머리를 한 남자의 모습이 자주 보이는데, 이 신이 망자를 사후 세계로 인도하여 진리의 전당에서 심판을 받게 하는 아누비스 신이다. 아누비스가 개나 자칼의 머리를 하고 있는 것은 개의 긍적적인 속성들(우정, 충성, 보호)을 통해 망자가 안전하게 사후 세계를 통과하도록 보조하는 역할을 하기 때문이다. 아누비스는 미라의 방부처리를 맡고 있으며 미라가 된 뒤에는 미라의 입을 여는 의식도 주관한다.

망자의 안내자

아누비스 자칼의 머리를 하고 있는 아누비스의 모습. 망자를 오시리스의 심판장으로 인도하는 신이다. 미라의 방부 처리와 망자의 시신에 생명을 불어 넣은 의식도 아누비스의 몫이다.

죽음의 세계

사후 세계는 고대 이집트인들의 머리를 떠나지 않는 영원한 화두였다. 그렇다고 그들이 현세를 무시하고 사후 세계만을 위해서 살지는 않았다. 그럼에도 언젠가는 통과해야 할 사후 세계의 통과 의식은 이집트 신화를 이해하는 데 중요한 역할을 한다.

이집트인들은 인간이 죽으면 신들의 호위를 받은 채 거룻배를 타고 지하 세계에서 천국으로 향하는 어둡고 위험한 통로를 항해한다고 믿었다. 두아트 Duat로 불리는 이 어두운 굴은 본래 태양신 라가 지나는 길이었다.

진리의 전당

마트의 전당으로 불리는 진리의 전당은 두아트의 다섯 번째와 여섯 번째 구간에 위치한다. 이 과정은 '부정적 고백'으로 불리는데, 선하고 도덕적인 사람은 '아니오'라고 부정적인 대답만을 하도록 되어 있다. 그렇지만 42개의 질문에 그 누가 모두 '아니오'라고 답할 수 있을까? 그러므로 이집트인들은 생전에 그 질문에 대비했다. 『빛에 의한 탄생의 서』에 나오는 주문은 자신의 심장에게 보내는 탄원으로 심판관들 앞에서 진실을 밝히지 말아달라는 내용이다. 그 주문의 내용은 아래와 같다.

> "오 나의 심장이여, 나의 심장이여!
> 오 나의 어머니, 나의 심장이여!
> 오 나의 심장 나의 변형이여!

나에게 불리한 증언을 하지 말아다오!
심판의 장에서 나에 대한 반대를 하지 말지라!
천칭의 주인이 있는 곳에서 저울의 접시가 가라앉지 않게 하라!"

본래 이승에서 죄를 짓지 않은 사람이 있을까? 고대 이집트인들은 죄를 짓는 것은 인간의 본성이지만, 사후 세계를 통과하기 위해서는 인간이 생전에 지은 죄를 고백해야 한다고 생각한 것은 아닐까?

심장의 무게 달기

고대 이집트의 죽음의 의식 가운데 절정은 역시 '심장의 무게 달기' 의식이다. 망자는 아누비스의 손에 이끌려 진리의 전당 두 번째 단계

심장의 무게 달기 의식 기록의 신 토트가 무엇인가 적고 있다. 망자의 심장 반대편에는 진리의 신 마트의 타조 깃털이 올려져 있다. 만약 심장이 아래로 내려가면 악어 괴물 암무트의 먹이가 된다. 하지만 어느 누구가 자신의 심장이 깃털보다 가볍다고 장담할 수 있겠는가?

로 인도되는데, 아누비스의 다른 한 손에는 생명의 고리인 '앙크'가 있다. 망자와 아누비스의 앞에는 저울이 있는데, 한 쪽에는 마트의 진리의 깃털이, 그리고 다른 한 편에는 망자의 심장이 놓여져 있다. 만약 저울이 균형을 유지하면 망자는 '정의로운 사람'으로 선언된다. 그러나 조금이라도 심장 쪽으로 저울이 기울면 괴물 암무트에게 망자의 심장을 먹이로 던져준다. 심장의 무게 달기 의식에는 기록의 신인 토트가 참석하고 오시리스의 아들 호루스의 모습도 보인다. 물론 왕좌에 앉아 의식을 감독하는 신은 명부의 신 오시리스이다.

사자(死者)의 탐식자 암무트 여신 암무트는 심장의 무게 달기 의식에서 마트의 깃털보다 무거운 심장이 올라올 경우 망자의 심장을 먹어치운다. 머리는 악어, 몸통은 사자 그리고 하마의 뒷다리를 가지고 있다.

카두세우스 지팡이 헤르메스가 아폴론으로부터 받은 카두세우스의 지팡이. 두 마리의 뱀이 또아리를 틀며 올라가는 모습이다. 의술의 신 아폴론으로 받은 카두세우스의 지팡이는 지금도 병원이나 약국의 상징으로 사용된다. 그런데 바티칸 박물관의 사진에는 망자의 신 아누비스가 이 지팡이를 들고 있다. 그리스 신화가 이집트 신화를 카피했다는 결정적인 증거이다

제 5장

성경의 고리
: 메소포타미아 신화

제 5장

성경의 고리 : 메소포타미아 신화

메소포타미아 문명과 신화

기원 전 4천년 경 지금의 이라크 지방에 해당되는 메소포타미아 지방에는 수메르인들이 처음으로 정착한다. 그리스어로 '두 강 사이의 땅'이라는 뜻의 메소포타미아 지방은 인류 문명의 발상지 중의 하나이자 역사상 최초로 문자가 발명된 곳이기도 하다.

언어는 입을 통해 나올 때 '생명'을 얻고 문자로 기록될 때 '영생'을 얻는다. 그런 점에서 메소포타미아의 고대 신화는 문자로 기록될 수 있는 행운을 얻었다고 말할 수 있다. 지금도 설형 문자로 기록된 수많은 점토판을 바그다드 박물관에서는 볼 수 있다.

메소포타미아 지방에서 문명이 싹튼 시기는 고대 이집트 문명과 시기적으로 비슷하거나 다소 앞선다. 훗날 오리엔트로 불리는 이 지방의 신화는 히브리 신화와 그리스 신화에 적지 않은 영향을 주게 된다. 다시 말해 서양 문명의 양대 지주라고 말할 수 있는 헤브라이즘과 헬레니즘의 이면에는 메소포타미아 신화가 숨어 있다는 말이다.

먼저 메소포타미아 지방의 위치를 보자. 티그리스강과 유프라테스

강 사이에 위치한 이 지역은 지금의 이라크에 해당된다. 이 지역은 해마다 건기와 우기가 반복되었는데, 이러한 기후의 특징은 일찍이 이 지역에 농경 문화와 교역을 중심으로 하는 도시 국가가 발전하는 데 밑바탕이 되었다. 이와 같은 지리적 환경은 신화가 사회의 모습을 반영한다는 점에서 의미하는 바가 적지 않다. 게다가 이 지역은 훗날 기독교와 이슬람교가 태동한 곳이며, 서구 문명의 원류인 그리스 문명이 문자를 비롯하여 많은 문명적 영향을 받은 곳이기도 하다.

메포포타미아 소사

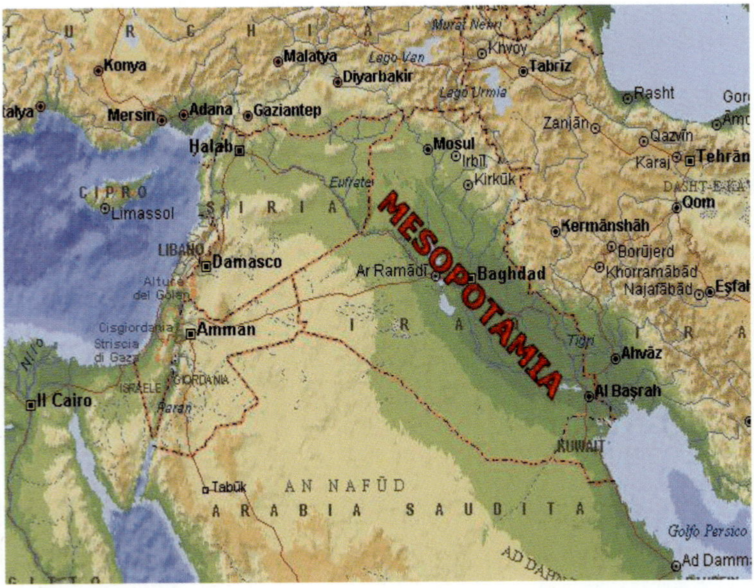

메소포타미아 그리스어로 '두 강 사이의 땅'이라는 뜻의 메소포타미아. 두 강은 유프라테스강과 티그리스강을 가리킨다. 현재 이라크 지방의 대부분을 모두 포함하고 있고 그 중심에는 바그다드가 있다. 외세의 침략이 끊이지 않았던 곳 답게 지금은 서구인들이 임시로 점령하고 있다.

기원전 4천년, 메소포타미아 지방에 처음으로 정주한 수메르인들인이 어떤 경로로 이 지방에 들어왔고, 언제 사라졌는지 전해오는 기록은 없다. 다만 이 지방 주민의 다수를 차지하는 셈족 계열의 아카드인들이 새주인으로 등장하자 수메르인들은 그들 속에 융화된 듯하다. 그 뒤 메소포타미아 지방에는 함무라비 왕으로 유명한 바빌로니아 왕국(B.C. 1800년 경)과 잔인한 민족으로 알려진 앗시리아, 그리고 신바빌로니아 왕국을 멸망시켰던 페르시아 제국, 마지막으로 알렉산더 대왕의 헬레니즘 왕국 등이 이 지방을 거쳐 갔다.

신화적 관점에서 우리의 관심은 인류의 대표적인 종교가 태동한 지역에 널리 퍼져 있던 신화의 특징을 살펴보는 것이다. 그렇지만 메소포타미아 지방의 신화는 여러 민족이 거쳐 갔던 까닭에 신화의 성격도 복합적인 면을 가지고 있다. 예를 들어 농경 사회와 유목 사회, 천문학의 발달, 문자의 발명 등 많은 요소들이 신화 형성에 적지 않은 영향을 주었을 것이다. 앞으로 기술할 메소포타미아의 신화적 특징은 이렇듯 다양한 기준을 통해서 그 본질을 이해할 수 있을 것이다. 메소포타미아 신화는 처음에 이 지방에 거주한 수메르인들의 신화가 골격을 이루고 있기 때문에 수메르 신화라고도 불린다.

신들의 계보

먼저 메소포타미아 신화에 등장하는 주요 신들의 계보를 보자.

하늘에서는 비가 내리고 땅 위에서는 곡식이 자라기 때문에 하늘신과 대지의 여신이 결합하는 신화는 많은 농경 사회의 전형적인 모습이다. 이집트 신화의 누트와 게브가 결합하여 주요 신들이 태어난 것처럼 메소포타미아의 신들도 하늘의 신과 대지의 신 사이에서 태어난다.

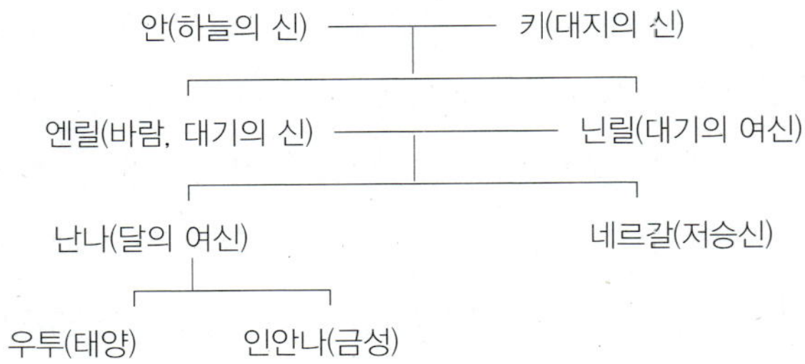

신들의 세계도 인간의 세계와 크게 다르지 않은가 보다. 하늘과 땅의 아들인 엔릴은 대기의 여신에게 달을 임신시키고 추방당한다. 그는 저승길로 가는 길에 첫 사랑이 그리워 따라온 자기 아내 닌릴을 보자 다른 사람으로 변장하여 사랑을 나눈다. 신들도 첫사랑의 소중함은 마찬가지인가 보다. 이렇게 태어난 저승신들의 이야기도 자연 현상을 신화로 표현한 것으로 볼 수 있다. 즉, 하늘과 우주 사이에서 달이 태어났다는 것을 신들의 사랑으로 표현한 것이다.

고대 메소포타미아인들은 하늘과 땅 사이에서 태어난 대기신이 달과 해를 주관한다고 생각했던 것 같다. 그런데 달의 신 난나가 태양신 우투보다 먼저 태어났다는 것은 고대 메소포타미아 사회가 농경사회였음을 말하는 것이며, 그 이면에는 태음력을 사용하고 있었음을 알 수 있다.

농경 사회에서 물은 농사에 가장 중요한 자연 조건이다. 신화도 물의 중요성을 놓치지 않는다. 지하수의 신인 엔키의 계보를 보기로 하자.

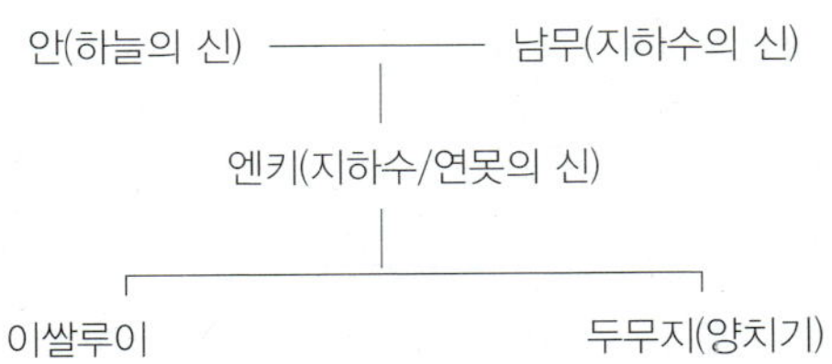

지하수의 신 엔키 고대 메소포타미아 지방에서 물의 중요성을 상징적으로 보여주는 신이다. 정결례의 상징이기도 한 엔키는 하늘신 안에 버금가는 신으로 숭배를 받았다.

하늘의 신이 지하수의 여신과 결합한다는 내용도 자연 현상을 반영한다. 하늘에서 내린 비가 땅 밑에 고여 지하수가 되고, 이 지하수는 비 한 방울 내리지 않는 건기 동안 생명과도 같은 것이다. 지하수의 신이 하늘신과 동격으로 자리잡은 것도 이 때문이다.

양치기의 신 두무지는 목축 사회를 반영하는 일반적인 신으로 볼 수 있다. 그런데 농경과 목축을 병행하는 사회에서 주민들의 선택은 늘 불완전할 수밖에 없다. 신화도 이러한 선택의 어려움과 갈등을 그대로 반영한다. 엔키가 지하수의 신이라는 사실은 엔키가 농경 사회의 수호신이며, 두무지는 유목 사회를 대변하는 신으로 받아들일 수 있다.

하늘의 일곱 신

수메르인들은 일찍이 황도 별자리를 관측하는 등 천문학의 수준이 무척 높았다고 한다. 금성에게 여신 인안나를 바친 것도 수메르인들의 천체에 대한 높은 관심을 보여 주는 예이다. 다른 신화들처럼 수메르의 신들도 서열이 있다. 인간이 신을 창조했기 때문일까? 수메르인들의 신화에는 하늘신 안이 최고의 신으로 숭배되었다. 그러나 대부분의 신화에서 기성 세대의 신들은 젊은 신들에게 그 자리를 내주고 한 발짝 뒤로 물러선다. 그리스 신화에서 제우스를 비롯한 올림포스의 신들이 티탄족을 제거하고 주신(主神)의 대열에 합류한 것도 같은 맥락에서 이해할 수 있다.

수메르 초기 왕조 시대의 신들의 서열은 하늘 신 안, 그 다음이 엔릴, 어미신(출산의 여신) 닌후르쌍, 지하수의 신 엔키, 달의 신 난나, 태양신 우투, 그리고 금성의 신 인안나의 순서였다. 그러나 신들의 서열은 고대 바빌리니아 시대에 와서 다소 수정되어, 하늘신은 매우 늙은 신이 되어 뒷전으로 물러나고, 엔릴이 최고신의 지위를 장악한다. 그리고 지혜의 신이자 지하수의 신 엔키가 그 다음 서열을 차지한다. 또 수메르 시대의 어미신으로 군림했던 닌후르쌍이 빠지고 천둥신 아다드가 등장하여 그 순서는 안, 엔릴, 엔키, 난나, 우투, 인안나, 아다드로 바뀐다.

그 후 함무라비 왕으로 잘 알려진 도성국가 바빌론이 고대 메소포타미아의 전역을 통치하면서 바빌론의 수호신 마르둑이 전통적인 신의 계보에 편입된다. 마르둑이 엔키의 아들로 소개되어 일곱 신의 하나가 된 것이다. '태양신의 송아지'란 뜻을 가진 바빌로니아 제국의 수호신 마르둑은 달의 신과 태양신의 다음으로 자리를 잡는다.

고대 바빌론의 상상도
왼쪽에 보이는 곳이 달의 신 난나에게 바친 신전 지구라트이다. 지금도 이라크 곳곳에는 진흙 벽돌로 만든 지구라트가 많이 남아 있다.

수메르 신들의 서열은 지금의 요일명의 기원과 거의 일치한다. 현재의 요일명과 수메르 신들의 이름을 비교해 보면 우리가 알고 있는 요일명의 기원이 멀리 수메르의 신들에 닿고 있음을 알 수 있다.

일요일=우투(태양신)
월요일=난나(달의 신)
화요일=에라(불과 역병의 신)
수요일=엔키(지하수의 신)
목요일=마르둑(바빌로니아의 주신)
금요일=인안나(금성의 신)
토요일=엔릴(토성의 신)

인안나의 저승 이야기

현대인들뿐만 아니라 고대인들의 머리를 떠나지 않았던 화두는 역시 사후 세계에 대한 궁금증일 것이다. '인간이 죽으면 어디로 가는가?', '죽음 뒤에 생은 있는 것인가?' 이런 의문에 고대인들도 예외는 아니었다. 신화를 비롯한 설화 문학에 자주 등장하는 에피소드가 바로 사후 세계에 관한 것이다. 수메르의 신화에도 사후 세계에 대한 이야기가 전해 온다.

'하늘의 여주인' 인안나는 하늘 세계를 버리고 저승 세계로 내려가려고 마음을 먹는다. 저승 입구에서 그녀는 "나는 인안나이며 해 뜨는 쪽을 향하여"라고 문지기에게 대답하고 저승으로 들어간다. 여기에서 '해뜨는 쪽' 동쪽은 수메르인들이 생각하는 저승의 방향을 가리킨다. 그러나 수메르인들에게 저승 세계는 한번 발을 들여놓으면 결코 돌아갈 수 없는 세계였다. 다른 신화처럼 인간이 죽은 뒤에는 결코 환생할 수 없음을 암시하고 있다.

저승에서 인안나는 여신의 노여움을 사서 두들겨 맞고 고기 덩어리처럼 벽에 걸리는 신세가 된다. 지상에서 주인을 기다리던 시종들은 다른 신들에게 인안나의 구원을 부탁하지만 그녀의 할아버지 엔릴조차 거부한다. 이번에는 그녀의 시아버지이자 지하수의 신인 엔키에게 도움을 청한다. 엔키는 기꺼이 그녀를 도와줄 것을 약속하고 그의 손톱 밑에서 때를 꺼내 두 명의 곡꾼을 만들어 낸다. 그리고 생명수와 생명초를 건네주고 인안나를 구해올 것을 명령한다.

다시 생명을 얻은 인안나가 저승을 빠져나오려는 순간 저승신들은 그녀 대신 다른 사람의 목숨을 요구한다. 인안나는 여러 곳을 헤매다가 결국 자신의 남편 두무지를 저승신에게 넘긴다.

영문도 모른 채 저승에 끌려온 두무지는 새색시의 오빠 태양신 우투에게 살려달라고 간청한다. 우투는 두무지의 손과 발을 도마뱀으로 바뀌게 하여 저승사자들로부터 빠져나갈 수 있게 해준다. 들판으로 도망간 두무지는 그의 누이 게수틴안나('하늘의 포도')가 일하는 포도주 양조장에 숨었으나, 날아다니던 파리가 이를 알아차리고 인안나에게 일러바쳐 결국 붙잡히게 된다.

두무지의 누이가 그를 위해서라면 무엇이든지 하겠다고 인안나에게 호소하지만, 인안나는 시누이에게 반 년은 이승 그리고 나머지 반 년은 저승에서 살라고 정해 준다. 이렇게 그녀가 그들의 운명을 결정할 수 있었던 까닭은 인안나가 '운명을 결정할 수 있는 일곱 큰 신' 중의 한 명이었기 때문이다.

인안나의 저승 신화는 다음과 같이 해석할 수 있다. 본래 메소포타미아 지역은 건기와 우기의 구분이 확실하다. 건기에는 마치 저승에 끌려가는 것과 같이 처절한 삶이 이어지는데, 이러한 그들의 일상이 신화의 모티프로 만들어진 것으로 생각할 수 있다. 신화는 이렇듯 인간이 사는 환경을 비유적으로 재창조하는 원동력을 가지고 있다.

길가메쉬 서사시

수메르 신화가 기록된 점토판에는 길가메쉬의 서사시도 함께 전해 내려온다. 길가메쉬는 우르크의 제1왕조(기원전 2600년 경)의 젊은 통치자였을 것으로 추정된다. 그는 우르크의 성곽을 축조하면서 남자들을 징발한다. 그러자 우르크의 여인들은 길가메쉬를 원망하기에 이른다. 그녀들은 신들의 어머니인 아루루에게 길가메쉬와 대적할 수 있는 남자를 만들어 달라고 간청한다. 이렇게 해서 태어난 야성의 사나이가 바로 엔키두이다.

점토판에는 엔키두의 탄생의 순간이 다음과 같이 기록되어 있다.

"그의 온 몸에는 털이 덥수룩하게 나 있었으며,
여자처럼 긴 머리를 갖고 있었다.
그의 긴 머리는 곡식처럼 풍요롭게 자라났다.
그는 사람과 나라에 대해선 아무것도 몰랐으며,
소처럼 옷을 입고 있었다.
엔키두는 영양 떼와 같이 풀을 뜯어 먹고,
소와 함께 물 웅덩이에 있는 물을 마시면서 갈증을 풀었다.
그는 짐승들과 즐겨 물장난을 했다."

길가메쉬 길가메쉬는 여신 닌순과 인간 사이에서 태어난 아들로 이것이 그의 위대한 힘의 원천이었다. 그는 자신의 백성을 폭력적으로 다스렸으나 나중에는 사람들을 지상의 악한 괴물에게서 해방시켜 준다. 그는 친구가 자신의 팔에 안겨 죽어가는 일을 겪으면서 인정을 알게 되어 최초의 위대한 영웅 중의 하나가 되었다.

아루루가 창조한 엔키두는 반은 인간이고 반은 동물인 존재였다. 레비스트로스의 신화적 해석을 빌리면 그는 길들여지지 않은 존재였던 셈이다. 그런데 대부분의 신화에서 길들여지지 않은 존재는 중간 매개체를 통해 길들여진 존재로 바뀌게 된다. 엔키두를 길들이는 중간 매개체의 역할은 창녀 샤마트가 맡는다.

샤마트는 엔키두와 여섯 날과 일곱 밤 동안 사랑을 나눈다. 그리고 엔키두는 변한다. 야생의 세계에서 인간의 세계로 들어온 것이다. 샤마트는 엔키두를 충동질하여 길가메쉬와 싸움을 붙이지만 둘은 서로에게 적의가 없음을 확인하고 의기투합하여 소나무숲의 거인 후바바를 죽인다.

거인 후바바를 죽인 다음 길가메쉬와 엔키두는 모험에 나선다. 도중에 만난 여신 이슈타르는 길가메쉬를 유혹하는데, 길가메쉬는 이슈타르에게 유혹당하여 비참한 운명을 맞이한 사람과 동물들을 열거한다.

> "아직까지 눈물을 흘리고 있는 두무지,
> 이슈타르가 날개를 부러뜨려 놓았던 영롱한 빛깔을 지닌 카나리아,
> 일곱 개의 구덩이를 파고도 일곱 개를 더 파서 가두었던 사자,
> 이슈타르가 채찍질하고 뾰족한 막대기로 찌르고 밧줄로 묶어서
> 7리그나 쉬지 않고 질주하게 했던 말, 양치기, 목자,
> 늑대로 변해 버렸던 양치기 우두머리,
> 이슈타르에게 대추야자가 가득 담긴 광주리를 가져다 주고 이
> 슈타르가 개구리로 변하게 했던 이슈타르의 정원사 이슐라누…"

마침내 길가메쉬가 이슈타르의 유혹을 뿌리치자 그녀는 아버지인 하늘신 안에게 하늘 황소를 내려 보내 달라고 간청한다. 그러나 두 영

이슈타르의 문 길가메쉬 유혹했던 여신 이슈타르의 문. 인간 뿐만 아니라 동물도 유혹했던 이슈타르 여신은 인간이 얼마나 유혹에 약한 존재인지 잘 보여준다. 사진의 문은 원형을 복원한 것이고 본래의 문은 독일에 있다고 한다.

웅은 하늘에서 내려온 황소를 때려눕힌다. 그러자 신들의 분노가 커져 결국 엔키두는 죽음을 맞이한다. 엔키두가 꿈을 통해 자신이 죽을 운명이라는 것을 알게 되자 그는 자신을 길들인 창녀 샤마트를 저주한다. 그러나 이윽고 죽음을 필연으로 받아들인 엔키두는 샤마트를 용서하기에 이른다.

길가메쉬는 영원한 생명을 찾아 우트나피시팀을 찾아 나선다. 그는 대홍수 뒤에도 자식과 함께 살아남은 사람인데 영생의 비밀을 알고 있었다. 우트나피시팀은 길가메쉬에게 여섯 날과 여섯 밤을 안잘 수 있으면 영생을 얻는다고 말해 주었으나, 길가메쉬는 견디지 못한다. 우트나피시팀은 마지막으로 길가메쉬에게 불사의 풀을 주었지만 샘

가에서 자고 있는 동안 뱀이 그 풀을 먹어 버리고 만다. 그러자 뱀은 곧바로 허물을 벗고 영생을 얻게 되었다. 결국 죽음을 운명으로 받아들일 수밖에 없는 길가메쉬는 비탄의 눈물을 흘린다. 대서사시는 이렇게 끝을 맺는다.

히브리 신화와의 비교

먼저 오리엔트 지방의 역사를 거슬러 올라가 보자. 이 지방에 최초로 정주한 수메르인들에 의해 고대 문명인 메소포타미아 문명이 꽃피기 시작된 시기는 기원전 4천년 경이다. 그 후로 오리엔트 지방은 수메르인들의 신화를 모태로 각색된다. 바빌로니아인들이 자신들의 으뜸신인 마르둑을 수메르신들 사이에 끼워 넣은 것을 보아도 수메르 신화가 이 지방에서 새로 일어난 이민족의 신화에 많은 영향을 주었음을 알 수 있다.

그렇다면 오리엔트의 팔레스타인 지방에 거주하던 히브리 민족은 수메르 신화의 영향을 안받았을까? 먼저 성경을 보는 관점에 대해 언급하고 넘어가자. 구약의 창세기 부분은 신화적 관점에서 본다면 다분히 창세 신화의 한 유형으로 간주할 수 있다. 그러므로 본서에서는 구약의 창세기 부분을 신화적 관점에서 조망하려 한다.

구약에는 히브리 민족이 두 번 이민족의 땅에 노예로 끌려갔다고 적혀 있다. 기원전 13세기, 이집트의 람세스 2세 치하에서 모세는 히브리 민족을 이끌고 이집트를 탈출한다. 그 후 히브리 민족은 기원전 6세기에 신바빌로니아 왕국에 또다시 노예로 끌려갔다. 이후 페르시아가 신바빌로니아 왕국을 멸하자 히브리 노예들은 다시 팔레스타인 지방으로 돌아온다.

우리의 관심을 끄는 역사적 사건은 두 번째인 '바빌론의 유수'이다. 다시 말해 히브리 민족이 바빌론에 노예로 끌려가 있던 반 세기 동안 바빌론 문명과의 교류에 관한 것이다. 당시의 상황을 유추해 보면 바빌론 문명은 문화적으로 상위에 놓여 있었고, 역사적으로도 이 지방에서 최초의 문명인 메소포타미아 문명을 계승한 문명이었기 때문에 히브리 민족도 자연스럽게 그들 문화의 영향을 많이 받았을 것이다. 물론 신화의 경우도 예외는 아니었을 것이다. 그런 맥락에서 메소포타미아 신화와 히브리 신화를 비교해 본다는 것은 의미 있는 시도가 될 것이다.[10]

1. 에누마 엘리쉬 vs. 창세기[11]

바빌로니아의 창조 서사시 에누마 엘리쉬에서 천지가 창조되는 과정은 구약의 창세기와 매우 흡사하다. 이것이 우연한 일치인지 혹은 한 신화가 다른 신화의 영향을 받은 것인지는 분명히 알 수 없지만 두 신화를 비교하는 것 자체는 매우 흥미롭다. 먼저 천지 창조의 과정에 대해 에누마 엘리쉬와 창세기를 비교해 보자.[12]

다음 표에서 보듯이 수메르의 창세 신화와 구약의 창세기는 누가 보더라도 서로 닮아 있다. 물론 연대순으로 보면 에누마 엘리쉬가 훨씬 앞선다. 그렇다면 창세기 1장이 에누마 엘리쉬에서 신화적 모티프를 빌어 왔다는 얘기인가? 기독교를 종교적 차원에서 연구하는 신학자의 입장에서는 인정할 수 없는 주장이지만, 신화학의 차원에서는 매우 설득력이 있는 주장이다. 큰 차이가 있다면 수메르인들은 다신

10 히브리 신화와 메소포타미아 신화의 비교에 대한 자세한 연구는 『메소포타미아와 히브리 신화』(조철수, 길의 사상총서4)를 참고할 것.

11 조철수의 같은 책 참고할 것.

12 http://xbible.com.ne.kr/seok04.htm

교를 믿었고 히브리인들은 유일신을 믿었다는 것이다.

에누마 엘리쉬	창세기 1 장
신과 우주적 질료가 동시에 존재하며 양자 모두 영원함	신과 우주적 질료가 각자 독립적으로 존재함
원초적인 혼돈을 나타내는 바다의 여신 티아마트는 어둠에 감싸여 있음	땅은 텅 비어 있으며 어둠이 깊은 물(테홈) 위에 있음
마르둑이 바람을 타고 티아마트 여신을 잡으러 감	신의 바람이 깊은 물(테홈) 위에 휘돌고 있음
신들에게서 빛이 나옴	빛을 창조함
하늘을 창조함	하늘을 창조함
마른 땅을 창조함	마른 땅을 창조함
섬광체(해와 달)를 창조	섬광체(해와 달)를 창조
인간을 창조함	인간을 창조함
신들은 휴식을 취하고 축하함	신은 휴식을 취하고 안식일을 정해 거룩하게 함

마르둑 수메르 신들과는 계보가 다른 바빌로니아의 최고신 마르둑의 상징. 개의 모습을 하고 있는 용의 모습이다. 본래 마르둑은 수메르 신화에 등장하는 지하수의 신 엔키의 아들로 슬그머니 신들의 족보에 오른 뒤 바빌로니아 최고신으로 군림하게 된다.

2. 계약의 상징, 활과 무지개

창세기의 태초 이야기 마지막 부분에서 하느님은 노아와 새로운 계약을 맺는다. 하느님은 노아에게 "나(하느님)는 구름 속에서 내 활(무지개)을 보여줄 것이니, 나와 땅 사이에 계약의 징표가 될 것이다"라고 말하는데, 이 말의 의미는 대홍수 이후 다시는 홍수로서 인간을 벌하지 않겠다는 약속이었다.

에누마 엘리쉬에도 이와 유사한 장면이 등장한다. 마르둑의 신전이 바빌론에 완성된 다음 모든 신들이 신전에 모여 앉자, 마르둑은 신들 앞에 자신의 활을 놓고 새로운 계약을 맺는다. 하늘신 안 An은 마르

바벨탑 노아의 대홍수 이후 야훼는 다시는 물로써 대심판을 하지 않겠다고 사람들에게 약속했다. 그리고 그 표징으로 무지개를 보여 주었다. 그러나 사람들은 야훼를 불신하는 상징으로 바벨탑을 건설하였다. 이를 괘씸히 여긴 야훼는 사람들의 언어를 혼잡하게 만드니 그 때부터 인류의 언어는 서로 통하지 않았다고 한다. 바빌론의 주신 마르둑은 무지개의 대응물인 활을 잡고 신들 앞에서 맹세한다.

둑의 활을 들어 올려 축복을 내리며 세 가지 이름을 준 뒤, 그 설 자리를 정해 주었다. 안은 활을 들어올려 입을 맞추고 "이것은 내 딸이 될 것이다"라며 말했다. 그는 활에 이름을 붙여 주었다 : "긴나누가 첫째이고, 승리자가 둘째일 것이다. 셋째 이름은 하늘에 빛나는 '활 별'이 될 것이다."

두 신화의 공통점은 계약의 징표로서 활이 사용되었다는 것이다. 또한 노아의 아들이 세 명 이며, 안이 마르둑의 활에 세 가지 이름을 붙여 주었다는 것도 매우 유사한 상황 설정으로 볼 수 있다.

3. 최초의 인간

고대 메소포타미아의 신화에 따르면 노역이 심하다고 반란을 일으킨 작은 신들 가운데 우두머리 한 명을 잡아 죽여 그의 살과 피에 점토를 섞어서 사람을 만들었다고 한다. 이렇게 만들어진 사람은 신의 살로 만들어졌기 때문에 혼을 가지고 있으나, 신은 아니기 때문에 생명이 유한했다. 결국 혼을 가졌다는 점과 생명이 유한하다는 것이 인간의 특징이다.

고대 메소포타미아 신화에서 인간 창조는 "죄짓고 처형당한 신의 살과 피에 점토를 섞어 만들었다"라고 적혀 있다. 반면, 히브리 민족의 성서에는 이와 같은 내용은 없으나 사람의 피를 흘리게 한 범죄와 인간 창조를 연결시키는 대목이 한 곳 나온다 : "사람의 피를 흘리게 한 사람은 그의 피를 흘려야 한다. 왜냐하면 하느님이 그의 모습으로 사람을 만들었기 때문이다(창세기 9:4~6)." 이 말은 '눈에는 눈으로' 갚아야 한다는 동태복수법처럼 '피는 피로' 갚아야 한다는 뜻이다. 다시 말해 사람이 죄를 지으면 피로 속죄해야 한다는 주장이다. 그래야만 사람의 생명을 다시 얻을 수 있다는 논리이다. 이러한 신화적 해석과 관련된 전례(典禮)가 바로 정결한 염소의 피를 제단에 뿌리는 '속죄례'이다. 속죄례는 예수가 십자가에서 피를 흘리어 '세상의 죄를 치워 없애신 하느님의 양'이라는 초대교회의 신앙 고백으로 이어진다. 여기에서 우리는 인간을 '죄지은 신의 피로 사람을 만들었다'라는 고대 메소포타미아의 '인간 창조 신화'가 살아 있음을 알 수 있다.

4. 최초의 여자

옛날에 지혜의 신 엔키는 자기가 뿌린 씨에서 자란 풀들이 맛있게 보여 하나씩 맛을 보았다. 그러자 온몸이 아프게 되었는데 어미신은 그의 아픈 곳을 찾아 그 곳에서 신들을 하나씩 태어나게 한다. 엔키가 자신의 갈비뼈가 아프다고 하자 그 곳에서는 '생명의 여신'을 낳게 했으며 그녀는 달의 여주인이 되었다.

수메르어로 '갈비뼈'와 '생명'은 둘 다 같은 음가인 'ti'로 표기된다. 그러므로 구약에서 이브를 아담의 갈비뼈로 빚었다는 사실은 수메르 신화와의 연결 고리로 간주할 수 있다.

5. 농부와 목자

구약에는 카인과 아벨의 이야기가 나온다. 두 형제는 각각 제물을 바치는데 카인은 추수한 곡식을, 아벨은 양을 바친다. 그러나

어찌된 영문인지 야훼는 아벨의 제물만 받는다. 이 이야기는 두 가지 관점에서 해석할 수 있다. 첫째, 피를 통해 속죄 의식을 치러야 했던 고대 원시 신앙의 차원이다. 야훼는 양을 희생시켜 제물로 바친 아벨의 제물은 받았지만 카인의 곡식은 받아들이지 않았다. 이것은 피를 통한 희생만을 받아들였다는 것으로 해석할 수 있다. 두 번째 해석으로는 아벨과 카인의 갈등을 고대 오리엔트 지방에 상존했던 유목

라마수 메소포타미아 신화에 등장하는 대표적인 괴물 라마수의 모습. 지성(知性)을 상징하는 사람(머리), 새의 왕인 독수리(양 날개), 풍양·부를 대표하는 가축의 전형적 존재인 수소의 신체(때로는 사막의 지배자인 사자)를 합성함으로써 초월적 위력·마력(魔力)을 표상하고 있다. 다리가 5개인 것이 특징. 인간의 무한한 상상력을 보는 것 같다.

민과 농경민의 갈등으로 볼 수 있다. 수메르의 신화에도 농부와 목자와의 갈등은 잘 드러난다.

시집갈 나이가 찬 처녀 인안나에게는 오빠가 있었다. 그녀의 오빠는 그녀가 양치기와 결혼하는 것이 좋겠다고 조언을 하지만, 그녀는 양치기의 거친 옷에 몸을 기대는 것보다 오히려 아마를 가꾸는 농부와 결혼하겠다고 나선다. 그러자 목동 두무지는 그녀에게 말한다.

> "나보다 농부가 무엇이 더 나으냐?
> 그가 너에게 검을 옷을 준다면
> 농부의 것보다 좋은 검은 양을 주겠다.
> 그가 좋은 맥주를 너에게 부어 준다면
> 농부의 것보다 나은 달콤한 우유를 부어 주겠다.

그가 너에게 좋은 빵을 준다면
농부의 것보다 더 좋은 꿀과 치즈를 주겠다.
네가 먹고 네가 마신 뒤에 남은 버터와 남은 우유를 그에게 남 겨 주겠다.
나보다 농부가 무엇이 더 나으냐?"

사실, 메소포타미아 지방의 기후는 농사보다는 유목에 더 적합한 곳이다. 이집트처럼 나일강이 해마다 범람하면서 옥토를 만들어 주지 않았기 때문에 메소포타미아 지방은 농업에 적합하지 않았을지 모른다. 그럼에도 불구하고 농업은 인간 생존에 필수적이다. 문제는

설형문자 점토판 길가메쉬 대서사시와 에누마 엘리시 같은 메소포타미아의 신화가 지금까지 전해질 수 있었던 것은 바로 설형문자로 기록된 점토판 덕분이다. 아직도 해독이 되지 않은 수십만 점의 점토판이 있다고 한다. 미군이 이라크를 침공했을 당시 바그다드 박물관에 보관 중이던 수많은 점토판이 훼손되고 약탈당했다고 한다. 미국이 이라크에서 관심을 가진 것이 무엇인지 잘 보여주는 사건이었다.

사람들이 유목과 농업 중에서 어느 것이 공동체의 운명에 유리한지 그 선택의 딜레마에 빠진다는 것이다. 이 경우 신화는 그 해결책을 제시해 주기도 한다. 다시 말해 야훼가 아벨의 제물만을 받아들였다는 것은 이 지방의 사람들에게 농업보다는 유목을 장려한다는 메시지는 아니었을까?

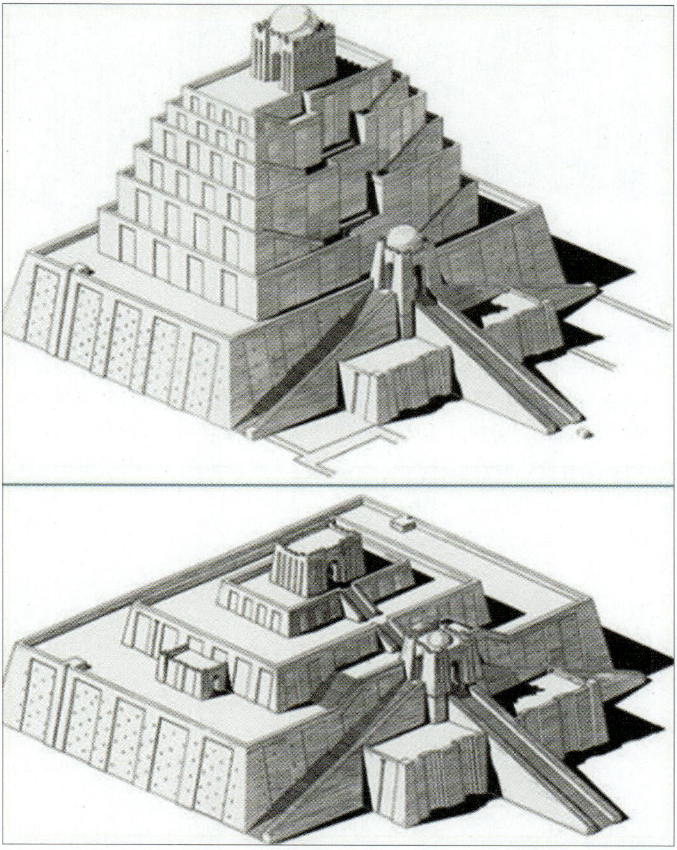

지구라트의 구조 지구라트의 구조와 그 모습을 보면 구약 성경에 나오는 바벨탑의 모습을 상상해 볼 수 있지 않을까? 본래 지구라트는 달의 신 난나에게 바쳐진 신전이다. 지금도 이라크의 고도시 우르를 비롯한 많은 도시에 남아 있는 지구라트는 인류 최초의 문명이 남긴 발자취를 증언하고 있다.

지구라트와 이방인 지구라트 앞에서 기념 촬영을 하고 있는 미군의 모습. 200년 갓 넘은 역사를 가진 나라가 6천년 문명의 앞에 서 있다. 수메르인들이 이 곳에 정주한지 6천년, 수많은 이민족이 들어오고 나가고, 여러 왕조가 흥망을 거듭한 영겁의 세월 속에 새로운 점령자들이 들어왔다. 그런데 그들은 문명에 대한 관심은 전혀 없어 보인다. 훗날 역사는 이렇게 적을지 모른다. "물질 문명을 좇는 한 나라가 메소포타미아 지방의 석유를 탐하여 들어 왔다. 그런데 그들은 자신들이 점령한 곳이 어떤 곳인 줄도 몰랐다..."

조금더 생각하기

왜 40일 동안 비가 내렸을까?

수메르 신화에 등장하는 우트나피시팀과 노아의 홍수의 공통점은 여럿이 있지만 야베 문서에는 40일 동안 비가 그치지 않고 내렸다고 적혀 있습니다.
야베 문서에서 야베란 야훼 하느님을 지칭하는 말인데,
즉 히브리 민족의 하느님을 가리킵니다.

그런데 왜 비가 40일 동안 내렸을까요?
한달 30일도 아니고 하필 40일일까요?

수메르인들이 시간과 공간을 어떻게 인지했는지
그리고 천체에는 어떤 수를 부여했는지 살펴보기로 합시다.

먼저 수메르인들은 밝음(늦봄~초가을)과 어둠(늦가을~초봄)까지로 일년을 양분했습니다.
그리고 여섯 달을 밝음과 어둠에 할당하고 한 달은 30일로 정했죠. 지금 사용하고 있는 시간의 단위가 60진법으로 정해진 것은 바로 수메르인들의 영향에서 비롯됐다고 합니다.

그런데 흥미로운 것은 수메르인들은 자신들의 신들에게도 수를 부여했다는 것입니다.
으뜸신이자 하늘신 안은 당연히 60이고 엔릴은 50, 구마사제(驅魔師

祭)의 수호신 엔키는 40, 달의 신 난나는 30, 태양신 우투는 20, 금성의 여신 인안나는 15, 그리고 천둥신 아다드는 10으로 정해졌습니다.

달의 신이 태양신보다 더 큰 수를 가지고 있다는 사실은 수메르인들이 달을 태양보다 더 숭배했다는 증거입니다.

우리는 달의 신 난나에게 30이 부여된 것으로 보아 왜 한 달이 30일인지 알 수 있습니다. 그런데 여기에서 우리의 관심을 끄는 수는 엔키에게 부여한 '40'이라는 수입니다.

엔키는 당시 민중에게 최고신 안과 엔릴마저도 바라보지 못하는 경외로운 대상이었습니다.
그리고 엔키는 약자를 돕고 병을 고치는 수호신이었죠. 엔키 자신이 지하수의 신으로 병에 걸린 사람을 정결하게 하는 신으로 추앙받았다고 합니다. 그렇다면 수메르인들에게 정결례는 며칠0 었을까요? 물으나 마나 40일입니다.

그런데 우리는 숫자 '40'에 이미 익숙해져 있습니다.
노아의 대홍수에서 40일 동안 비를 내려 세상을 정결하게 했고,
모세가 40년 동안 황야에서 방황하다 이후 40년간 이스라엘 민족의 지도자가 됩니다. 즉 40이라는 수는 정결의 수이자 고난을 극복하는 수이기도 합니다.

수메르인들의 진법은 결국 60진법입니다.
60이라는 수가 어떤 수입니까?
60의 약수는 1, 2, 3, 4, 5. . . 등 무척 많습니다. 다시 말해 60이라는 수가 진법에서 그 기준이 된다는 사실 하나만으로도 60진법의 활용 범위를 짐작할 수 있을 것입니다.
특히 원은 360도이고 60을 기본으로 하고 있습니다.
그런데 구형의 우주는 360도를 기본으로 분할되어 있습니다. 결국 1년이 12달, 1시간이 60분인 이유도 60진법의 산물인 셈입니다.

제 6장

신화의 고전
: 그리스 신화의 이해

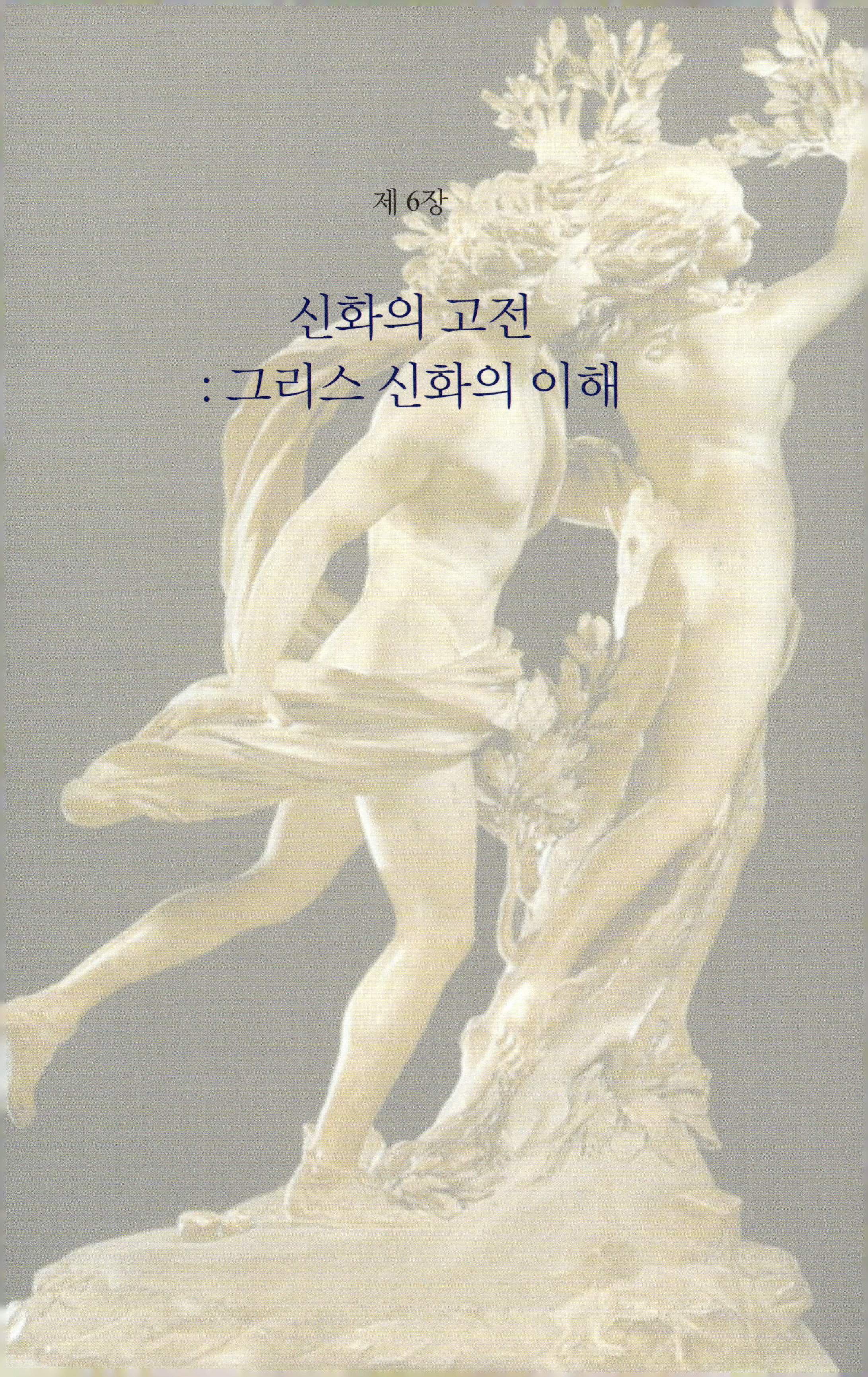

제 6장

신화의 고전 : 그리스 신화의 이해

신화의 특징

세계의 신화 중에서 가장 많은 사람들이 읽는 신화, 무려 6천여명의 신과 영웅 그리고 인간이 등장하는 신화. 우리에게 알려져 있는 그리스 신화의 실체이다. 그렇다면 그리스 신화는 신화학적인 관점에서 어떻게 해석할 수 있을까?

이집트 신화가 눈 Nun 같은 무정형의 신과 태양신 라 Ra와 같이 동물의 형상을 한 신들이 주류를 이루고 있는 반면, 그리스 신화의 주인공들은 인간과 똑같은 형상을 하고 있다. 게다가 그리스 신들은 인간처럼 실수를 범하거나 질투를 하기도 한다. 지극히 인간적인 신들의 모습이다. 본래 신화가 신들의 이야기를 통해 인간의 내면 세계를 그려내는 것이 그 목적이라면, 그리스 신화는 인간의 심리와 모든 사회규범의 기원을 설명한다고 말할 수 있다.

문화라는 것이 주변의 문화와 상호 교류를 통하여 형성되듯이, 그리스 신화도 주변의 신화로부터 많은 영향을 받았다. 본래 그리스 민족은 인구어족의 한 갈래로 언어계통학으로는 그리스어파에 속한다.

어파(語派)라고 해서 다른 언어들이 있는 것도 아니고 그리스어 홀로 어파를 형성한다.

그리스 민족의 선조들은 인도 북서부 혹은 러시아의 코카서스 지방에서 거주하다가 서쪽으로 이동을 하여 지금의 그리스에 정착하게 된다. 그들은 자신들의 고유한 신화에 주변의 신화들, 예를 들어 메소포타미아 신화의 이야기를 각색하여 자신들의 것으로 만들었던 것으로 보인다. 특히 명부의 세계에 내려가는 영웅들의 이야기는 메소포타미아 신화의 인안나 이야기와 유사하다.

그리스인들은 자신들의 신을 이집트 신화의 신들과도 동일시하였다. 디오뉘소스는 부활의 신 오시리스와 동일시했으며, 헤르메스는 지혜의 신 토트로 생각했다. 이렇듯 그리스 신화는 그리스인들의 독창적인 창작물이라기 보다는 인근 지방의 신화를 받아들여 재창조한 것으로 생각할 수 있다.

그렇다면 그리스인들은 일반적으로 자신들의 신화를 어떻게 생각하고 있었을까. 대부분의 그리스인들은 일반적으로 신화가 그들의 먼 과거를 설명해 준다고 믿었다. 그들은 신화를 이 세상의 기원과 신의 본성 및 우주 만물의 존재 방식에 대한 그럴듯한 설명으로 별 이의 없이 받아들였던 것 같다. 기원전 6세기 이후에 논리적인 분석과 과학적 관찰을 강조하는 그리스 철학 운동이 시작되면서 일부 회의론이 대두하였으나, 대다수의 그리스 작가들은 신화의 본질적 타당성에 대해서는 거의 의심하지 않았다.

신화의 시작

그리스인들이 생각하는 우주는 이집트인들이 생각하는 것처럼 무정형의 세계였다. 그리스인들은 이 혼돈의 세계를 카오스라 불렀는데 카오스에서 대지의 신 가이아가 제일 먼저 나오고, 어둠의 신 에레보스, 밤의 신 뉙스가 태어난다. 밤의 여신 뉙스는 검은 날개로 바람을 일으켜 거대한 알 하나를 낳는다. 이 알에서도 또 한 명의 신이 태어나는데, 이 신이 바로 나른한 그리움의 신 에로스이다. 하지만 이 에로스는 우리가 알고 있는 사랑의 신 에로스는 아니다. 태초의 신 에로스는 생산을 관장하는 신이다. 이 땅에 살아갈 온갖 것들을 낳게 될 에로스가 밤의 여신 뉙스의 자식이라는 사실이 우리의 관심을 끄는 이유는 우리 인간이 밤에 잉태되었기 때문일 것이다.

카오스에서 처음으로 태어난 대지의 여신 가이아는 천공(天空)의 신 우라노스를 낳는다. 그리고 우라노스와의 교합을 통해 최초의 신들이 태어난다. 그런데 어찌된 일인지 가이아의 자식들은 모두 괴물이었다. 이집트 신화처럼 하늘의 누트와 대지의 신 게브 사이에서 부활의 신인 오시리스와 그의 형제들이 태어나는 것과 달리, 그리스 신화에서 처음 태어나는 신들은 온전한 모습을 가진 신들이 아니었다. 그 괴물들의 면면을 보자면 외눈박이 거인 퀴클로페스, 50개의 머리와 100개의 팔을 가진 헤카톤케이레스가 바로 그 주인공이다. 그런데 우라노스는 자식인 괴물들을 명부의 지옥인 타르타로스에 감금해 버린다. 왜 태초의 신들에게 태어난 존재는 괴물이었을까? 혹시 우라노스가 가이아의 자식, 즉 근친간의 자식이었기 때문일까? 아니면 혼돈의 세계인 카오스가 아직도 정돈이 안되었다는 의미일까? 어쨌든 퀴클로페스와 헤카톤케이레스는 신화의 전면에 등장할 수 있는 기회를 잃는다. 물론 신들의 전쟁이 일어날 때마다 자신들을 필요로 하는 신들의 명령으로 일시적으로 타르타로스에서 풀려나기도 한다.

아버지와의 갈등

대지의 신 가이아는 티탄족의 막내이자 자신의 아들인 크로노스를 충동질한다. 아마도 우라노스 사이에서 낳은 퀴클로페스와 헤카톤케이레스를 타르타로스에 가둔 것이 화근이 된 듯하다. 가이아는 크로노스에게 낫을 주어 아버지를 제거할 것을 주문하자, 크로노스는 우라노스의 성기를 제거하여 바다에 던져 버린다. 그런데 이게 무슨 조화인가? 바다에 던져진 우라노스의 성기에서 피와 거품이 일면서 한 생명체가 태어났으니 바로 미의 여신 아프로디테이다. 한편, 대지에 뿌려진 우라노스의 피에서는 복수의 세 여신 에리뉘에스와 거신족인 기간테스 그리고 물푸레나무의 요정들인 멜이아데스가 태어난다. 우라노스의 피에서 복수의 여신과 거신족 기간테스가 태어났다는 사실은 메소포타미아 신화를 연상시킨다. 신의 피와 살을 섞어 인간을 창조했다는 신화적 모티프는 그리스 신화에서도 그대로 반복된다.

아버지 우라노스를 제거한 크로노스는 가이아의 희망과는 반대로 퀴클로페스와 헤카톤카이레스를 또다시 타르타로스에 가둬버린다. 그리고는 아내인 레아가 낳은 자식들을 하나씩 삼켜 버린다. 자식들이 자신처럼 아버지를 제거할까 두려워 한 행동이었다. 막내 자식이 태어나자 레아는 아들대신 보자기에 싸인 돌을 크로노스에게 준다. 물론 크로노스는 그 돌을 자식인줄 알고 삼킨다. 신화속의 신들은 전지전능하지만 가끔씩 이런 실수를 하기도 한다. 그래서 그리스 신화가 더 인간적인 것은 아닐까?

이렇게 가까스로 크로노스의 위험으로부터 피신한 막내 아들이 바로 훗날 올림포스의 주신(主神) 제우스 신이다. 크로노스가 티탄족의 막내인 것처럼 제우스도 막내라는 사실은 우연의 일치일까? 본래 신화 같은 설화 문학에서 장자(長子)는 큰일을 못하는 경우가 자주 있다. 오히려 막내가 형이나 언니들이 못해냈던 일들을 완수한다. 신데렐라 같은 설화도 같은 범주에 속한다.

어쨌든 우리의 주인공 제우스는 크레타 섬에서 염소젖을 먹으며 조용히 성년을 맞이한다. 그리고 자신이 있었던 곳으로 돌아온다. 신화학자 조셉 캠벨이 주장한 '통과의례' rite of passage 이론처럼 주인공은 자신이 격리되었던 원위치로 귀환하는 것이다. 마치 영화『반지의 제왕』에서 왕이 귀환하는 것처럼.

그 뒤의 이야기는 다음과 같다. 돌아온 제우스가 크로노스를 먼 지방으로 쫓아내고 크로노스가 삼켰던 형제들을 구해낸다. 그 결과 막내였던 제우스는 맏이가 되고 먼저 태어났던 형제들-포세이돈, 하데스, 헤라-은 제우스와 서열이 바뀌게 된다.

크로노스를 제거한 제우스도 아버지에 대한 콤플렉스에 시달리기는 마찬가지였다. 비록 자신이 올림포스 12신의 주신이지만, 그는 늘 앞으로 태어날 자식이 자기처럼 아버지를 제거할 것이라는 강박관념에 시달리게 된다.

신화를 일종의 역사적 기억의 파편으로 간주하는 학자들은 우라노스와 크로노스 사이에 얽힌 기괴한 이야기를 다음과 같이 해석한다. 즉, 아버지 세대보다 더 강한 아들들에게 전복당하기 마련이었던 부족장들의 시대상이 반영된 이야기라는 것이다. 예를 들어 폐위된 족장은 목숨을 살려두되 거세를 당했다고 한다. 한편 페미니스트 학자들은 고대 모권 사회에서 행해졌던 제의의 잔재로 해석한다. 고대 모권 사회에서는 가축이나 농사의 풍요 그리고 인간 공동체의 풍요를 기원했는데, 이러한 풍요제에서는 항상 원시 여신들의 배우자가 죽임을 당하거나 산채로 희생되었다는 것이다.

우라노스와 크로노스 신화에 자주 등장하는 모티프 중에 아들이 아버지를 제거하는 모티프는 단골로 등장한다. 낫으로 아버지 우라노스를 제거하는 크로노스. 그러나 칼로 흥한자 칼로 망한다고 했던가. 크로노스는 막내 아들 제우스에게 똑같이 당하고 만다.

신들의 전쟁

제우스가 아버지 크로노스를 몰아내고 올림포스 주신의 자리에 올랐지만 다른 티탄족과의 전쟁은 피할 수 없었다. 인간 세계의 지배권을 차지하기 위한 신들의 전쟁이 시작된 것이다. 가이아도 타르타로스에 갇혀 있는 퀴클로페스와 헤카톤케이레스를 불러내어 함께 싸울 것을 명령한다. 팔이 무려 백 개인 헤카톤케이레스가 돌을 던지자 마치 하늘에서 비가 내리듯 티탄족 신들은 혼비백산하여 도망치고 만다. 결국 제우스를 비롯한 올림포스의 신들이 거신족인 티탄족을 물리친다. 그런데 전쟁이 끝나고 제우스는 또다시 퀴클로페스와 헤카톤케이레스를 타르타로스에 가두고 만다. 당연히 가이아의 분노는 하늘을 찌른다.

가이아의 집념은 여기에서 끝나지 않는다. 이번에는 거신족인 기간테스들을 선동하여 전쟁을 사주한다. 거신족 기간테스들은 우라노스의 피가 대지에 뿌려질 때 태어났는데 영어의 'Giant'가 이 말에서 나왔다. 이 전쟁에서 인간 영웅 헤라클레스가 맹활약을 펼쳐 기간테스들을 물리친다. 가이아는 기간테스들을 치료해 주기 위해 약초를 찾아 나서지만 태양신 헬리오스와 달의 신 셀레네가 미리 찾아내어 그 약초를 없애 버린다. 또다시 가이아의 계략은 수포로 돌아가고 만다.

그러나 여기에서 포기할 가이아가 아니었다. 최후의 복수를 시작한 것이다. 가이아는 복수를 위해 타르타로스와 어울려 새로운 자식을 낳으니, 바로 전대미문의 초거인 괴물 튀폰이다. 튀폰의 눈은 불처럼 번득거렸으며 입에서는 불을 내뿜었다. 등에는 커다란 날개가 달려 있었으며 상반신은 인간의 형상을, 하반신은 거대한 뱀의 몸을 하고 있었다.

이집트에서 축하연을 즐기고 있던 올림포스 신들은 튀폰이 나타나자 혼비백산하여 달아나고 만다. 제우스는 양, 헤라는 흰 암소, 아폴론은 까마귀(또는 솔개), 아르테미스는 고양이, 헤르메스는 따오기로 변해 줄행랑을 쳤으며, 아프로디테와 에로스 그리고 아레스는 물고기로 변신하여 도망갔다고 한다. 오로지 지혜와 전쟁의 여신 아테나만이 튀폰에 대항해서 싸웠다. 이 때 염소의 상반신을 하고 있는 판의 괴상망측한 소리 덕분에 제우스는 가까스로 위기를 모면한다. 그러나 시리아 지방까지 도망가던 튀폰은 숨어 있다가 제우스를 넘어뜨려 제우스의 힘줄을 끊어 버린다. 튀폰은 제우스의 낫과 힘줄을 땅에 묻었지만 제우스는 헤르메스의 도움으로 다시 찾는다. 튀폰과의 최후의 대결에서 승리한 제우스는 튀폰을 시칠리아 섬의 에트나 화산에 가둔다. 제우스가 진정한 주신의 자리에 오르는 순간이었다.

티탄족 12신은 천지 창조와 관련이 있는 신들이다. 그리고 티탄족과 올림포스 신들의 전쟁은 누가 인간 세계의 지배권을 차지하느냐를 놓고 벌인 전쟁이었다. 티탄족과의 전쟁은 그리스인들의 선조들이 원주민과 벌인 전쟁이었다고 해석할 수도 있으며, 구세대와 신세대와의 전쟁을 비유적으로 얘기한 것일 수도 있다. 신화란 본래 한 민족이 지나온 과거의 흔적이므로 이러한 주장은 더욱 설득력을 지닌다.

헤시오도스의 시대 구분

그리스의 역사가 헤시오도스는 인간의 역사를 신화의 시대에 대입하여 다섯 시대로 구분하였다. 물론 로고스적인 시대 구분이 아니라 뮈토스적 시대 구분일 뿐이다. 헤시오도스가 구분한 시대의 특징을 구체적으로 살펴보기로 하자.

1. 황금 시대

낙원과 동의어로 간주되는 시대. 여성이 만들어지기 이전의 시대를 말하는데, 즉 크로노스 치하의 남성들만의 세계로서 역사적으로 가장 융성했던 시대를 말한다. 티탄족과의 전쟁을 이끌었던 크로노스가 전쟁에 패하고 이칼리아로 달아나 사투르누스라는 이름으로 사람들을 다스렸다고 한다.

황금 시대의 인류는 평화로운 삶을 누렸으며 거의 신들과 마찬가지로 노고나 근심으로부터 자유로웠다. 이 시기에는 올바르지 않은 일을 하는 이가 없었으며 법도 필요 없었고 형벌도 필요 없었으며, 강에는 우유와 넥타르가 흘렀다. 그러나 판도라가 열린 이후 질병, 아픔, 고통, 슬픔 등이 생겨났다. 결국 죽음의 고통이 세상에 오게 되었다.

최후의 괴물 튀폰
가이아가 제우스를 파멸시키기 위해 마지막으로 만들어낸 괴물 튀폰. 올림포스 신들은 튀폰을 보자마자 혼비백산하여 도망갔지만 아테나만은 튀폰에 대항하여 싸운다. 물론 승리는 올림포스신들의 편. 모권 사회의 마지막 저항을 상징적으로 보여준다.

2. 은의 시대

역사적으로 새로운 시대가 도래할 때마다 그 시대는 앞의 시대보다 열등하기 마련이며 따라서 인간의 상황 또한 더욱 열악해진다고 헤시오도스는 주장했는데, 은의 시대는 그러한 특징을 잘 보여준다. 이 시대의 특징은 극단적인 대립이다. 인간들은 비록 신의 지시를 따르며 살았지만 수명이 매우 짧아졌다.

3. 청동 시대

세 번째 시대의 인간 종족은 제우스 혼자서 그 유명한 물푸레나무로 만들어낸 존재들이었다. 물푸레나무는 일반적으로 전사들의 창을 만드는 데 쓰이는 나무로 알려져 있다. 평화로운 활동은 할 수 없고 아무런 까닭도 없이 싸움이나 일삼는 청동시대 전사들의 근원으로 물푸레나무보다 더 적절한 소재는 없었을 것이다. 이들은 청동을 사용하여 무서운 무기를 만들었다. 그리고 은의 시대의 인간들보다 매우 폭력적으로 되었다. 그래도 신들을 두려워 했기 때문에 철의 시대의 인간들보다는 나은 편이었다.

4. 철의 시대

제우스가 이 시기의 종족들을 없애버릴 계획을 이미 마련하고 있던 것으로 보아 상황은 더욱 악화 일로로 치닫고 있던 시기이다. 타락의 조짐이 점점 늘어간다는 것은 종말이 가까이 왔음을 뜻한다.

헤시오도스의 시대 구분은 인간은 근본적으로 악한 존재임을 암시하고 있다. 그 근본 이유는 신이 인간을 창조할 때 잉태되었다고 설명하지만, 헤시오도스가 황금 시대를 꿈꾸웠던 이유는 아마도 다시는 인간이 돌아갈 수 없는 시대였기 때문이었을 것이다. 바로 이러한 절망에 구원의 빛을 던져주는 것이 신화이다.

인간의 파멸, 데우칼리온의 홍수, 신탁

신이 부과한 인류의 파멸을 다룬 신화들 가운데 가장 일반적인 것은 대홍수 신화이다. 대홍수 신화가 맨 처음 등장한 것은 메소포타미아 신화였는데, 그중에서 가장 잘 알려진 신화로는『길가메쉬 서사시』와『아트라하시스 서사시』가 있다.

그리스 신화에서는 데우칼리온과 그의 아내 퓌라가 바로 홍수 신화의 주인공이다. 그리스 신화는 데우칼리온과 퓌라를 그리스인들의 시조로 알려진 헬레네의 부모로 등장시킨다.

데우칼리온은 티탄족인 프로메테우스의 아들이다. 대홍수가 끝나고 물이 빠지자 데우칼리온은 신탁을 듣는다. 그가 들은 신탁은 "머리에 베일을 쓰고 옷을 벗은 채로 가서 어머니의 뼈를 뒤로 던져라"라는 것이었다. 현명한 데우칼리온은 어머니는 대지를, 뼈는 돌을 의미하는 것으로 이해한다. 데우칼리온이 던진 돌에서는 남자가, 퓌라가 던진 돌에서는 여자가 나왔다. 그리스인들의 조상은 이렇게 탄생했다.

그리스 신화에서는 신탁이 자주 등장한다. 신탁이란 무엇인가? 신들의 말씀이다. 신탁이 신화에 자주 언급되는 것은 아마도 인간 스스로가 불완전한 존재이기 때문일 것이다. 영웅테세우스의 탄생 신화에도 신탁은 어김없이 등장한다.

아테네의 왕 아이게우스에게는 자식이 없었다. 그는 델피의 신전에 가서 자신이 자식을 얻을 수 있을지 물어 봤는데 신탁은 이러했다 : "아테네의 가장 높은 곳에 다다를 때까지 가죽 주머니의 끈을 풀지 말지니..." 아이게우스는 도대체 가죽 주머니가 무슨 말인지 알 수 없었다. 아이게우스는 아테네로 돌아오는 길에 트로이젠에 들러 잠시 쉬게 된다. 여기에서 그는 '가죽주머니'가 무엇인지 알게 된다. 그것은 바로 '술'을 의미하는 신탁이었던 것이다. 결국 아이게우스는 트로이젠에서 많은 술을 마시고 '실수'를 하게 되는데 테세우스는 이렇게 태어난다.

신탁이란 이렇듯이 알 듯 모를 듯 우리 인간에게 앞날을 예언한다. 현명한 사람들만이 그 숨은 뜻을 알 수 있겠지만.

신화의 해석 : 아테나의 탄생 신화

제우스는 첫 번째 부인 메티스가 임신을 했다는 사실을 알고 그녀를 통째로 삼켜 버린다. 자신이 아버지 크로노스를 제거한 것처럼 미래에 태어날 자식이 두려웠기 때문이다. 메티스란 이름이'사고', '기지'의 의미를 가지고 있는 것으로 보아 여성의 '지혜'를 제우스가 흡수한 것으로 볼 수 있다. 그런데 얼마 지나지 않아 제우스의 머리를 쪼개고 한 여신이 태어난다. 그녀는 머리에는 투구를 쓰고 두 손에는 방패와 창을 들고 있었다. 이 여신이 바로 지혜와 전쟁의 여신 아테나이다.

크로노스는 레아가 낳은 자식들을 차례로 삼켜 버린다. 그렇지만 크레타 섬에서 돌아온 제우스는 그들을 구해낸다. 크로노스가 그들을 소화시키지는 못한 모양이다. 그러나 제우스는 메티스를 자신의 일부로 흡수해 버린다. 그리고 여성의 본성인 출산의 능력까지 잠시 빌어 내어 아테나를 낳았다. 아테나 여신의 탄생을 다양한 신화적 해석 이론에 따라 분석해 보자.[13]

자연 신화에서 본 아테나 탄생 신화는 인간의 사고가 뇌에서 진행되는 하나의 물리적 현상임을 말해 주고 있다. 이집트인들은 심장에서 사고가 이루어진다고 생각했던 것에 반해, 그리스인들은 현대인들처럼 머리가 사고를 지배한다고 생각했다.

기원론적 입장에서 보면 아테나의 탄생은 모계적 가치규범이 가부장적 가치규범으로 전환되는 사회적 변천 과정을 암시한다. 자율적인 여성 메티스에 의해 구현되던 독립적인 사고와 기지가 제우스의 딸에게로 이전됨으로써, 이제 사고와 기지는 남성의 지배하에 놓이게 되었음을 상징적으로 보여 준다. 게다가 영원히 남아 있는 아테나의 처녀성은 아버지가 항상 그녀의 삶에 결정적인 존재로서 군림할 것임을 암시한다. 딸이 처녀로 있는 한, 아버지의 딸에 대한 영향력은 사위의 도전을 받지 않을 것이기 때문이다.

문헌 신화로 볼 때 아테나의 탄생 신화는 가부장제와 결혼이라는

13 『신화의 미로 찾기 1』, 스티븐 L. 해리스, 도서출판 동인, 2001년.

사회적 제도를 정당화시키는 신화이다. 남편에게 아내를 통제할 수 있는 완전한 권한이 주어지는, 심지어 아내의 정체성마저 남편이 소유할 수 있는 사회적 장치로서의 가부장제와 결혼제도를 정착시키는 데 이 신화가 일조했기 때문이다.

융의 심리학의 입장에서 아테나 여신은 아니무스와 아니마의 원형적 결합을 대변한다. 구체적으로 설명하자면 남성 내부에 잠재적으로 존재하는 아니마, 즉 여성의 교활함과 지성이 아테나이며, 반대로 여성의 내부에 잠재적으로 존재하는 아니무스, 즉 남성의 힘, 전쟁, 폭력의 화신이 아테나라는 점에서 아테나는 아니마와 아니무스의 원형적 결합으로 볼 수 있다.

심리분석적 차원에서 아테나의 탄생 신화는 여성에 대한 남성의 거세 공포증이 반영된 신화이다. 왜냐하면 제우스가 메티스를 삼켜 버린 것은 그녀가 자신을 지배할지도 모른다는 우려 때문에, 즉 남성적 우월성을 빼앗겨 버릴 수 있다는 우려에서 비롯된 것이기 때문이다.

통과의례의 관점에서 본다면 미숙한 전사로부터 성숙한 통치자로 성장하는 남신의 발달 과정을 예시해 준다.

끝으로 구조주의적 관점에서 아테나의 탄생 신화는 몇몇 요소들의 대립항들로 구성할 수 있다. 아래표에서 아니무스와 아니마는 각각 남성과 여성에 혼재된 특질이므로 (±) 표시로 나타내었다

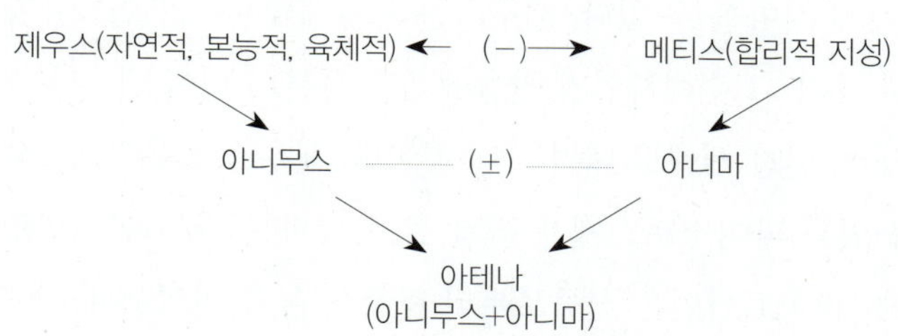

제우스 vs. 프로메테우스

헤시오도스는 인간 사회의 몰락 원인을 프로메테우스와 제우스의 사사로운 갈등의 결과로 보았다. 그 갈등의 원인은 프로메테우스가 인간에게 불을 가져다 준 것에서 시작되지만, 사실 두 신 사이의 갈등의 뿌리는 그 이전으로 거슬러 올라간다.

제2장에서 설명한 것처럼 프로메테우스는 인간이 올림포스 신들에게 제물을 바칠 때 뼈와 기름으로 신들을 속여 멋지게 올림포스 신들에게 복수를 한 적이 있다.

프로메테우스의 의미는 '일찍 깨달은 자'라는 뜻이다. 즉, 선지자의 의미인데 제우스조차 그의 예지력을 인정했다. 프로메테우스는 인간에게 불을 가져다 준 징벌로 독수리에게 간을 쪼아 먹히는 형벌을 받게 되는데, 사실 프로메테우스가 제우스에게 잘못 보인 이유는 다른 데에 있었다.

제우스는 자신이 아버지를 제거했던 것처럼 자식에 의해 쫓겨날까 두려워 '예지자' 프로메테우스에게 누가 자기를 해칠 것인지 물어 보지만 프로메테우스는 답변을 거부한다. 바로 이 '괘씸죄'에 걸려 프로메테우스는 제우스로부터 가혹한 형벌을 받는다.

올림포스의 으뜸신 제우스에게 반기를 든 신들은 프로메테우스 말고는 거의 찾아볼 수 없다. 제우스는 프로메테우스가 인간에게 불을 가져다 주자 그 수혜자인 인간들에게도 응분의 벌을 내린다. 판도라를 만들어 인간 세계로 내려 보낸 것이다. 제우스는 올림포스의 만능 재주꾼인 헤파이스토스에게 흙과 물로 여자를 만들라고 명령한다. 이렇게 태어난 여인은 신들로부터 많은 선물을 받았는데, 판도라의 의미 역시 '모든 것을 받은 자'라는 뜻이다.

아테나의 탄생
아버지 제우스의 머리를 쪼개고 태어나는 아테나 여신. 손에는 창과 방패 그리고 머리에는 투구를 쓰고 있다. 출산의 능력까지 여성으로부터 빼앗은 제우스의 콤플렉스는 병적인 것인가?

흙으로 빚은 여성 판도라는 프로메테우스의 불과 정반대의 대극점에 위치하고 있다. 다시 말해 인간은 프로메테우스의 불로 자연을 지배할 수도 있는 존재가 되었지만, 판도라는 인간과 신 혹은 자연과의 단절을 야기시키는 원인이 되었기 때문이다. 제우스의 대극점이 프로메테우스인 것도 같은 구도로 파악할 수 있다. 여기에서 프로메테우스의 불은 '익힌 것'을 만드는 매개체이지만 판도라의 존재, 즉 흙과 물로 빚어진 존재는 '날 것'으로도 볼 수 있다. 다시 말해 레비스트로스의 이항 대립인 '날 것'과 '익힌 것'의 대립이 '불'과 '흙', 나아가 프로메테우스와 제우스의 대립 구도로 확대할 수 있다. 이 구도를 그려보면 다음과 같다. 아래 구도에서 제우스와 인간의 관계를 물음표로 표시한 이유는 상황에 따라서 제우스는 인간에게 선과 정의를 실현하기도 하지만 판도라의 경우처럼 그 반대의 경우도 있기 때문이다.

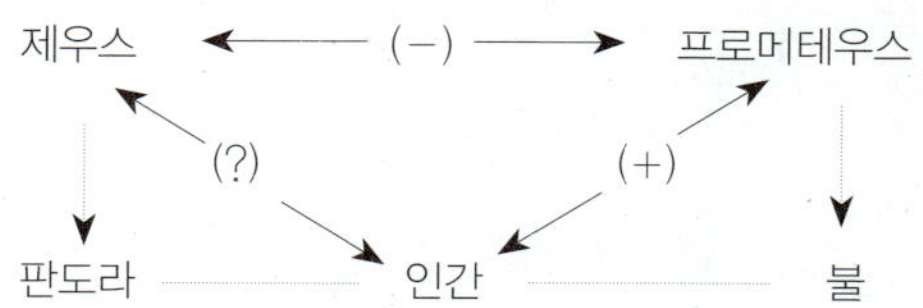

인간의 몰락, 판도라와 이브

그리스적 전통과 유대교 및 기독교 전통에서는 여성을 역사의 몰락을 재촉한 촉매자로 간주한다. 성서적 우주관과 헤시오도스적 우주론에 따르면 남성들만의 질서로 유지되던 상태에서 카오스 상태로 무너진 시기는 여성이 창조되는 때와 일치한다. 다시 말해 여성을 질서의 균형을 무너뜨린 존재로 간주하는 것이다.

성서에서 금단의 열매는 프로메테우스의 불에 대한 성서적 대응물로서, 문명의 도래와 함께 자연-구약에서는 에덴 동산이 여기에 해당된다-과 인간의 원초적인 유대 관계를 끊어 버린 각성의 상징이다. 창세기의 주장과 마찬가지로 헤시오도스 역시 인간이 지식을 얻기 위해 치러야 했던 대가는 순진함의 상실, 평화의 상실, 그리고 낙원의 상실이라고 주장한다.

여성이 인간을 자연 상태에서 절연시키는 매개체의 역할을 했다는 이야기는 메소포타미아 신화의 길가메쉬 서사시에도 잘 드러난다. 길가메쉬의 호적수 엔키두는 본래 자연에서 동물처럼 살아가던 존재였다. 그러나 창녀 샤마트는 그런 엔키두를 길들이며 사랑을 나눈다. 이윽고 엔키두는 자연의 창조물에서 길들여진 존재로 거듭 태어나지만, 그의 운명은 필멸일 수 밖에 없었다. 엔키두는 죽을 수밖에 없는 자신의 운명을 알고 난후 처음에는 샤마트를 저주하지만 마침내 그녀를 용서하고 죽음을 맞이한다. 마치 이브의 유혹으로 원죄를 깨달았던 아담이 이브와 평생을 함께 살아갈 수 없는 운명처럼.

왜 인간과 자연과의 유대 관계를 끊어 버리는 매개체의 역할은 여성의 몫인가? 고대 사회가 남성 위주의 사회였다는 것으로 그 원인을 모두 설명할 수 있을까? 그 근거로 그리스 신화의 주신 제우스가 누리던 가부장적 지위와 연애 편력은 상대적으로 여성이 얼마나 약자였는지 잘 보여주고 있다. 게다가 신화를 만들어 낸 사람들은 현실에서 인간이 가지고 있는 원죄를 여성에게 전가했던 까닭에 남성 위주의 고대 사회에서는 이러한 설명이 자연스럽게 받아들여졌을 것이다.

프로메테우스 '일찍 깨달은 자'라는 뜻의 프로메테우스는 제우스가 꼭 굴복시켜야 할 티탄족의 신이었다. 알려진 것처럼 그는 인간에게 불을 건네준 죄로 독수리가 간을 쪼아 먹는 형벌을 받는다. 사실 여기에서 간은 남성을 의미한다. 그렇지만 제우스가 프로메테우스를 벌준 진짜 이유는 다른 데에 있었다. 예지력을 가진 프로메테우스가 제우스를 능가할 자식이 누구인지 결코 가르쳐 주지 않았기 때문이다.

아폴론과 아르테미스

인구어족의 신화를 보면 쌍둥이 신화가 자주 등장한다. 쌍둥이는 풍요의 상징으로 해석할 수 있는데, 그리스 신화에서는 쌍둥이 오누이 아폴론과 아르테미스가 그 주인공이다. 그리스 신화에서 신의 전형으로 여겨지는 아폴론과 처녀신인 아르테미스의 이야기를 보자.

티탄족의 여신 레토가 제우스의 아이를 임신하게 되었다. 그런데 이 사실을 안 헤라는 레토의 출산을 돕는 곳은 불모지가 될 것이라고 협박한다. 결국 어렵게 몸을 풀은 레토로부터 두 명의 쌍둥이 신이 태어나는데, 먼저 태어난 아르테미스는 동생의 출산을 도왔기 때문에 출산의 여신으로도 불린다.

그리스 신들은 대부분 양가성을 가진다. 이것은 다신교의 특징으로 볼 수 있다. 먼저 아폴론은 그리스 신들 중에서도 정형으로 꼽히는 신이다. 빼어난 외모에 지성을 겸비한 아폴론은 일명 포보스 phobos라고 일컬어지는데 그 의미는 '빛나는 자' 혹은 '반짝이는 자'라는 뜻이다. 지적 혹은 정신적 상태를 구현하는 아폴론의 특성과 밀접한 관련이 있다. 그래서 아폴론은 태양과 동일시되어 태양신 휘페리온 혹은 헬리오스의 임무를 물려받은 것으로 알려져 있다.

아폴론은 뮤즈의 보호자라는 점에서 세련된 창의성을 대변하는 신이다. 그의 칠현금은 이러한 특징을 잘 보여준다. 그러나 모든 그리스 신들의 속성처럼 아폴론에서도 그리스적 패러독스를 찾을 수 있다. 위대한 궁술의 왕인 아폴론이 쏜 화살은 질병을 일으켜 군대나 도시 전체를 파멸시킬 수 있다. 한편 아폴론은 최초의 의사인 아스클레피오스 Asclepios의 아버지이기도 하다.

아폴론의 쌍둥이 누이인 아르테미스-로마신화의 디아나-는 태어나자마자 동생 아폴론의 출산을 도왔던 여신이다. 그녀는 산파의 수호신이지만 사생활을 철저히 지키는 처녀신이다. 그녀는 사냥꾼 악타이온이 목욕하는 장면을 훔쳐보았다는 이유로 악타이온을 멧돼지로 변신시켜 사냥개들로 하여금 사지를 갈기갈기 찢어 죽게 만드는 잔인한 성품의 소유자이기도 하다. 아르테미스의 양가성은 그녀가 야생동물의 수호신인 동시에 야생동물을 죽이는 사냥꾼들의 수호신이라는 점에서 잘 드러난다.

고대 그리스인들은 신의 말을 통하여 나약한 인간의 운명을 받아들였는데, 여기에서 말하는 신의 말은 바로 아폴론의 말이었다. 아폴론의 신전은 델피에 있었는데 바로 이곳에서 신탁(神託)을 구할 수 있었다. 고대 그리스인들은 델피가 지구 표면의 가운데 지점이라고 생각을 했으며, 그 중심을 옴파로스 Ompharos라고 불렀다.

아폴론의 사랑

신들의 정형으로 여겨지던 아폴론에게도 고민은 있었다. 뛰어난 외모에 예술적 재능 그리고 신들의 예언인 신탁을 전하는 일까지 아폴론의 이미지는 인간의 이상형으로 묘사된다. 그러나 이상하게도 아폴론의 사랑은 대부분 미완으로 끝나는 경우가 많다.

한번은 이런 일이 있었다. 아폴론이 산의 요정 다프네에게 반해 버렸다. 하루는 사랑에 빠진 아폴론이 다프네를 좇아가는데 웬일인지 다프네는 계속 도망을 간다. 다프네가 제우스 신에게 자신의 처녀성을 지켜달라고 애원하자 제우스는 그녀의 소원을 들어준다. 결국 다프네의 손은 월계수 잎으로 변하고 곧이어 온 몸이 월계수 나무로 변한다.

아폴론의 사랑 아폴론이 산의 요정 다프네를 따라가지만 다프네는 아폴론의 사랑을 허락하지 않는다. 그녀는 제우스에게 자신의 처녀성을 지켜달라고 애원한다. 결국 손가락부터 서서히 월계수잎으로 변해간다. 미남신이며 지성까지 갖춘 아폴론의 사랑은 이렇게 미완으로 끝난다.

아폴론의 연인으로는 미소년 히야킨토스도 있었다. 그런데 히야킨토스를 사랑한 신은 서풍의 신 제피로스가 먼저였다. 어느날 아폴론은 히야킨토스와 원반 던지기를 하고 있었다. 아폴론이 던진 원반이 창공을 날고 있을 때 제피로스의 심술이 발동한다. 날아 가는 원반에 바람을 살짝 불어 넣은 것이다. 운명의 장난일까? 원반은 히아킨토스의 머리에 맞는다. 또다시 아폴론의 사랑은 결실을 맺지 못한 채 비극으로 끝난다.

왜 아폴론의 사랑은 미완으로 끝나는가? 신화학자 해리스[14]는 아폴

14 같은 책, p. 262.

론의 사랑이 미완으로 끝나는 이유를 다음과 같이 설명하고 있다. 즉, 인간의 젊음과 아름다움은 덧없는 것이며, 이는 아름다운 꽃들이 금방 시들어 버리는 것과 같은 이치라는 것이다. 다시말해 아폴론은 지적인 외모와 더불어 예술적 재능까지 겸비한 신이지만 그의 아름다움도 덧없이 지나간다는 뜻이다. 그런 까닭에 그의 사랑은 일시적인 것에 머무른다는 것이 해리스의 설명이다.

디오뉘소스, 대지에 뿌리 내린 황홀경의 신

제우스의 몸에서는 두 명의 신이 태어난다. 머리에서 태어난 아테나와 허벅지에서 태어난 디오뉘소스. 본래 디오뉘소스는 올림포스의 12신에는 포함되지 않았지만 화로의 신 헤스티아 대신에 12신의 한 명이 된다.

정상적으로 태어난 다른 신들과 달리 아테나 여신과 디오뉘소스 신의 이미지는 복잡하면서도 모순적인 그리스 신들의 특징을 잘 보여준다. 한 명의 신으로부터 이토록 다른 두 명의 신, 즉 냉철한 사고와 군사적인 지략으로써 도시국가를 수호하는 여신과, 불합리한 열정으로 문명 사회를 일시에 무질서 상태로 빠뜨릴 수 있는 남신을 낳았다는 것은 그리스 신화가 극단적 대립 속에서 하나의 통합을 지향하는 특성을 지니고 있음을 반증한다.

신화의 기능면에서 보면 아테나와 디오뉘소스의 대립 구조 사이의 긴장의 원인은 아테나 여신의 합리성과 디오뉘소스의 탐닉적이고 파괴적인 잠재적 정서 사이의 대립에 기인한다. 신화는 이러한 모순을 표면적으로는 양립할 수 없는 것처럼 말하지만, 실제로는 존재 속에 내재된 본질적인 모순과 갈등의 표현이라는 사실을 인정하도록 만들고 있다. 그리고 상극에 놓인 두 신이 한 아버지로부터 태어났다는 가설은 절제된 지성과 통제되지 않은 정서가 모두 자연 질서의 일부이며, 따라서 이 두 요소는 똑같이 신성한 것이라는 그리스적 신념을 전달한다.

디오뉘소스의 대극점에 있는 또 한 명의 신으로는 아폴론을 들 수 있다. 아폴론이 이성에 의해 통제되는 의식적 정신을 대변한다면 디오뉘소스는 무의식과 활기를 불어넣는 본능적인 생명력을 구현한다. 그 예로 아폴론이 겨울 3개월 동안 델피의 신전을 비우고 북풍의 신 보레아스가 지배하는 북단의 고장에 가 있는 동안, 델피는 디오뉘소스의 차지가 된다. 이것은 이성의 통제가 자리를 비운 사이에 갖가지 탈도덕적 에너지로 가득한 무의식이 번창할 수 있음을 암시한다.

아폴론과 디오뉘소스의 공통점은 어머니는 달라도 아버지 제우스로부터 창조적 추진력과 권력을 향한 불굴의 의지를 물려받았다는 것과, 두 신 모두 숭배하는 무리들과 그 제의식이 있다는 것이다. 그러나 두 신의 예술적 창조성은 비슷하지만 차이는 있다. 명쾌한 멜로디를 만들어 내는 아폴론의 칠현금은 조화와 평정의 느낌을 유발하지만, 디오뉘소스의 탬버린은 격렬하고 황홀한 리듬을 만들어 냄으로써 주신(酒神)의 열정적이고 충동적인 본성을 표현한다.

돌아올 수 없는 나라, 하데스의 왕국

그리스 신화의 주인공인 제우스와 포세이돈 그리고 하데스는 세계를 셋으로 나눠 가졌다. 제우스가 주신(主神)이 되었다는 사실은 하늘신이 으뜸신이 되었음을 의미한다. 자연 숭배의 대상과 신들의 위상을 연결한다면 제우스는 천신(天神), 하데스는 지신(地神), 포세이돈은 해신(海神)으로 해석할 수 있는데, 그리스 신화에서 이 세 명의 신들은 최소한 겉으로는 상호간의 반목을 찾아보기 힘들다. 그만큼 상대방의 영역을 침범하지 않는다는 말이다.

인간의 관심은 신화를 통해 드러나는 법이다. 그 중에서 사후 세계에 대한 인간의 집요한 관심은 각국의 신화에서 주요 설화로 창작되어 전해지고 있다. 메소포타미아 신화에서 금성의 신 인안나가 저승 세계에 다녀온 이야기와, 유난히 사후 세계를 중시했던 이집트 신화는 인간이 얼마나 저승 세계에 대해 관심이 많았는지 잘 보여 주고 있다.

디오뉘소스 '두번 태어난 자'라는 의미의 디오뉘소스. 세멜레가 제우스의 아이를 갖자 헤라는 간교를 부려 세멜레를 죽음으로 내몬다. 제우스의 허벅지에서 태어난 디오뉘소스는 이렇게 이름이 붙여졌다. 태어나자마자 요정들에 의해 자라난 디오뉘소스에게 헤라는 광기를 불어넣었다고 한다. 포도주의 신답게 정열과 광기의 상징이자 부활의 상징이다. 사람들이 술을 마시면 열정적으로 변하는 것도 디오뉘소스 신이 내린 것이 아닐까? 그림에는 디오뉘소스의 동반자 판의 조각이 오른편에 보인다.

하데스는 곡식의 신 데메테르의 딸 페르세포네를 납치하여 저승 세계의 여왕으로 삼는다. 데메테르는 자신의 딸 페르세포네가 지하로 끌려가자 슬픔에 잠긴다. 곡식의 여신이 자신의 세계를 돌보지 않자 지상의 곡식들은 열매를 맺지 못하게 된 것이다. 그러자 하데스는 페르세포네에게 일년 중 반년은 지상에서 머물 수 있도록 허락한다. 바로 이 기간에 식물들은 열매를 맺을 수 있게 되었다는 것이 신화의 설명이다.

하데스의 의미는 '보이지 않는 자'라는 뜻이다. 그가 사람의 눈에 보이지 않는 것은 보이지 않는 투구를 쓰고 있기 때문이다. 이 투구 덕분에 하데스는 티탄족과의 전쟁에서 큰 공을 세우게 된다. 하데스는 또한 명부의 신인 동시에 풍요의 신이다. 지하 세계에 묻혀 있는 금과 은이 모두 하데스의 것인 까닭이다. 그의 상징물은 소라 모양의 뿔인데 이는 풍요를 상징한다.

하데스의 세계로 들어가 보자. 명부(冥府)는 지상의 사람이 들어가면 다시는 살아오지 못하는 곳이며, 죽은 사람도 결코 환생하는 법이 없다. 물론 오르페우스가 사랑하는 아내 에우리디케를 구하려고 명부로 하강한 적이 있지만 명부의 출구를 눈앞에 두고 뒤를 돌아본 탓에 영원히 아내를 지상으로 데려올 수 없었다.

명부는 다섯 개의 강이 휘감고 있다. 첫 번째 강은 아케론인데 '슬픔의 강'이란 뜻이다. 죽은 자의 영혼이 슬픔을 버리고 간다는 곳이다. 저승의 뱃사공 카론이 돈을 받고 망자들을 태워 주는 바로 그 강이다. 두 번째 강은 '망각의 강'인 레테의 강인데 망자는 이 강의 물을 마시고 전생의 기억을 모두 지우고 건너간다. 마지막 강은 스틱스인데 이 강을 건너면 천국인 엘리시온과 무한지옥인 타르타로스로 가는 길이 나타난다. 스틱스의 이름은 올림포스의 신들조차 그 이름을 걸고 맹세를 하면 되돌릴 수 없었다. 대표적인 예로 제우스는 디오뉘소스의 어머니 세멜레와 사랑을 나눌 때 그녀의 간청에 못이겨 스틱스강을 두고 맹세를 하고 만다. 결국 그것이 화근이 되어 훗날 제우스가 천상의 모습으로 나타나자 그를 본 세멜레는 불에 타 죽고 말았다. 이 모두가 스틱스 강을 두고 맹세를 한 탓이었다.

그리스인들은 사람이 죽으면 모두 지옥인 타르타로스로 간다고는 생각하지 않았다. 특히 생전에 신들의 총애를 받은 인간들은 명부의 천국인 엘리시온에 가서 영생을 누린다고 믿었다. 시인 호메로스는 엘리시온에 보내질 사람으로 아가멤논의 동생 메넬라오스를 지목했다. 왜냐하면 그는 제우스와 레다 사이에서 태어난 헬레네의 배우자였고, 그 결과 신의 은총을 가장 많이 받은 인간이었기 때문이다.

왜 그리스 영웅들은 지하 세계로 하강하는가?

그리스 신화에 등장하는 몇몇 인간들과 영웅들은 지하 세계에 다녀온다. 하데스의 지하 세계에서 살아나온 인간과 영웅은 사랑하는 아내 에우리디케를 찾아 내려갔던 오르페우스, 아테네의 영웅 테세우스, 그리고 헤라클레스 등이다. 이중 오르페우스만 제외하면 테세우스와 헤라클레스는 그리스 신화에 등장하는 불세출의 영웅들이다. 그렇다면 왜 영웅들은 지하 세계로 내려가는가?

아테네의 왕 테세우스는 친구 페이리토스와 함께 페르세포네를 납치하려고 지하 세계로 내려간다. 영웅들의 허황된 꿈은 죽음의 세계도 가로막지 못하는 법. 이들을 맞이한 하데스는 그들에게 '망각의 의자'에 앉으라고 권유한다. 결국 두 사람이 의자에 앉자 지하 세계에 갇히고, 훗날 헤라클레스가 테세우스만을 구하여 지상으로 올라간다.

신화의 영웅들이 지하 세계로 내려가는 이유는 공포심을 극복하는 최후의 관문이 지하 세계이고, 영웅의 상징적인 소멸과 부활을 경험할 수 있는 곳이기 때문이다. 극소수의 영웅만이 지하 세계에서 살아왔다는 이야기는 그리스 신화의 양의적인 면을 잘 보여준다. 즉, 모든 인간과 심지어 영웅들도 죽기 마련이지만 극소수의 영웅들은 그러한 인간의 필연적인 운명마저 극복할 수 있는 존재라는 것이며, 진정한 영웅의 가치는 지하 세계의 통과의례를 거쳐야만 그 빛이 드러난다는 것으로 해석할 수 있다.

지하 세계로 들어갈 때의 통과의례는 익히 알려져 있으며, 지하 세계에서 나올 때에 영웅들은 새로운 목적 의식을 부여받는다. 트로이 전쟁의 영웅 오디세우스는 아버지의 유산을 되찾고, 로마 건국의 아버지 아이네이아스는 새로운 조국을 건설하라는 계시를 받고 지하의 세계에서 나오는 것이 그 좋은 예이다.

그러나 그리스의 영웅들이 지하 세계를 자신들의 용기를 시험하는 곳으로 여겼을지는 모르지만 지하 세계를 동경하지는 않았다. 이승에서의 삶보다 저승에서의 삶을 중시했던 고대 이집트인과는 다른 생각을 했던 것이다. 일례로 오디세우스가 지하 세계에서 아킬레우스를 만나지만, 아킬레우스는 망자들의 왕으로 사는 것보다는 지상에서 가난한 노예로 사는 편이 훨씬 더 낫다고 말한다.

파리스의 사과, 트로이 전쟁

인류 문명의 변곡점의 순간에는 꼭 과일이 등장하는데 그 대표적인 예가 사과이다. 고대 그리스 세계의 지각 변동을 알렸던 트로이 전쟁도 바로 이 사과의 선택에서 시작된다.

주신 제우스에게는 늘 걱정거리가 하나 있었다. 자신을 닮은 아들이 태어나 훗날 자신을 제거할 것이라는 걱정이었다. 그런 까닭에 여신 테티스에게 구애를 했던 그가 인간인 펠레우스에게 그녀를 양보한 까닭도 테티스의 아들이 아버지를 능가할 것이라는 예언 때문이었다.

테티스와 펠레우스의 결혼식에는 모든 신들이 초대되었다. 그런데 신화는 가끔 '모든'이란 말을 사용할 때 오류를 범한다. 꼭 빠지는 사람이 있기 때문이다. 이 결혼식에는 불화의 신 에리스가 초대받지 못했다. 마치 『잠자는 숲속의 공주』처럼 에리스 여신은 결혼식에 나타나 황금 사과를 던지고 사라진다. '이 세상의 가장 아름다운 여인에게'라는 문구가 적힌 사과를 남겨두고.

아름다움에 관해서는 여신들도 예외는 아닌가 보다. 헤라를 비롯해서 아테나 그리고 아프로디테가 세상에서 가장 아름다운 여인임을 인정받기 위해 문제의 사과를 원한다. 그러나 심판을 제의받은 제우스조차 누구에게 그 사과를 주어야할지 몰라 올림포스 산정으로 사과를 던져 버린다. 하는 수 없이 여신들은 이다산의 양치기 청년 파리스에게 묻기로 결정한다.

파리스의 심판을 받기 위해 가장 먼저 나선 여신은 아테나였다. 그녀는 파리스에게 인간들 중에 가장 뛰어난 지혜를 줄 것이며 가장 용감한 전사로 만들어 주겠다고 약속한다. 두 번째로 나선 여신은 헤라. 여신중의 으뜸신 답게 헤라 여신은 파리스를 온 아시아와 유럽의 지배자로 만들어 주겠다고 약속한다. 하지만 남자는 여자의 아름다움에 약한 존재인가? 미의 여신 아프로디테는 이 세상에서 가장 아름다운 여인을 파리스에게 주겠다고 약속한다. 결국 파리스는 황금 사과를 아프로디테에게 건네 준다. 그 뒤의 이야기는 알려진 것처럼 트로이와 그리스의 10년간의 전쟁으로 이어진다.

파리스의 사과는 인간에게 선택은 자유롭게 부여되지만 그 선택에 대한 책임은 신도 질 수 없으며 오직 인간만이 그 책임을 져야한다는 교훈을 던져 주고 있다. 파리스의 심판 이야기는 예언이나 신탁의 덫에 갇힌 인간의 자유와 도덕적 책임에 관한 이야기, 요컨대 경외감과 두려움으로 가득 찬 선택과 초월, 그리고 거기에 내포된 비극의 가능성이 혼재된 삶의 세계에 관한 이야기이다.

신들도 막을 수 없었던 전쟁

그리스 신화의 대부분은 주신 제우스의 여성 편력과 거세 공포증에서 시작된다. 제우스의 여성 편력은 고대 사회의 가부장적 지위를 상징한다고 해석할 수 있으며, 거세 공포증은 프로이트 계열의 심리학적인 측면에서 본다면 제우스의 강박 관념으로 해석할 수 있다.

트로이 전쟁의 불씨는 테티스의 결혼에서 잉태되었다. 그런데 테티스의 결혼은 제우스가 자신을 능가하는 자식이 태어날까 두려워서 꾸민 계략의 일종이었다. 결국 제우스의 선택은 수많은 영웅과 인간들의 재앙으로 이어진다. 그렇다면 그리스 신들은 고의로 인간 세상에 파멸을 가져오는 존재인가? 아니면 신들도 인간 세상의 파멸에 대해 불가항력적인 존재인가?

이 문제에 대한 답은 트로이 전쟁이 계속되는 10년 동안 신들도 편을 갈라 두 진영을 응원했다는 사실을 통해 찾을 수 있다. 먼저 그리스와 트로이 진영을 응원한 신들을 보자.

그리스 진영	트로이 진영
포세이돈	아프로디테
헤라	아폴론
아테나	아르테미스
	아레스

사실, 트로이 전쟁의 책임은 전적으로 신들에게 있었다. 파리스가 그리스 최고의 미녀 헬레네를 원한 것도 아니었고, 제우스가 범한 실수에 세 여신이 가세하여 파리스에게 선택을 강요했던 것이 전쟁의 발단이었다. 그 결과 아프로디테는 파리스의 트로이 편을 들었고, 그리스군이 트로이에 상륙하여 아폴론의 신전을 유린하자 아폴론도 트로이 편에 서게 된다.

그렇다면 10년 동안 그리스 세계를 혼란으로 빠뜨린 전쟁의 결말을 신들도 몰랐을까? 제우스는 세 여신의 심판을 요구받자 문제의 사과를 올림포스 산정으로 던져 버린다. 신들의 왕도 여인들의 질투와 시기는 어쩔 수 없었을까? 이처럼 앞을 내다보지 못하는 신들을 통해 우리는 신적 능력의 한계 및 그들이 다스리는 우주의 본질에 대해 알게 된다. 그렇다면 그리스 신화에 등장하는 우주의 본질은 무엇인가?

먼저 변화의 소용돌이에 휘말리는 것은 비단 인간의 사회 조직만이 아니다. 신화의 근원이 되는 우주 그 자체가 역동적이어서, 표면적으로는 흔들림 없이 보이는 제우스의 안정이 영원히 계속되지 않을 것이라는 암시가 아주 모호하지만 지속적으로 반복된다. 만물의 본질 속에는 변화가 필연적으로 내재되어 있으므로 아무리 불멸의 신이라 할지라도 영원한 통치는 불가능하다고 신화는 역설하고 있다. 다시 말해 제우스가 명령권을 가지고 있음에는 틀림이 없지만, 제우스 또한 우주 전체를 다스릴 수 있는 전면적인 통제권은 가지고 있지 않다는 의미이다.

그러므로 아무리 제우스라 할지라도 명령으로써 불화의 존재를 없앨 수는 없다는 것이다. 악은 상존하는 것이며, 따라서 제우스 역시 우리 인간들과 마찬가지로 악과 협상을 해야만 한다. 트로이 전쟁은 티탄족과 올림포스 신들 사이에 벌어졌던 전쟁과 마찬가지로 우주의 모호하고 모순된 모습, 그렇지만 선과 악이 우리가 바라는 최선의 형태로 뒤섞여 있는 코스모스의 상태를 그대로 반영한 것이다.

아킬레우스 vs. 헥토르

위대한 시인 호메로스는 트로이 전쟁이 10년째 접어드는 때부터 트로이의 멸망까지를 서사시『일리아드』로 읊었다. 양 진영에는 많은 영웅들이 있었지만 그중에서 각 진영을 대표하는 영웅을 한 명씩 들자면, 그리스 진영의 아킬레우스와 트로이의 헥토르를 꼽을 수 있다. 훗날 서양 문학에서 전형적인 전사(戰士)로 등장하는 두 영웅은 이렇게 만났다.

아킬레우스가 누구인가? 트로이 전쟁의 빌미가 되었던 테티스의 아들이다. 테티스는 아킬레우스가 태어나자 아버지 펠레우스의 인간성을 씻어내기 위해 아들을 스틱스강에 담근다. 물론 발목을 잡았기 때문에 그 곳이 치명적인 급소가 되었지만, 테티스의 아들이 아버지를 능가할 것이라는 예언은 적중되었다. 아마도 제우스가 이런 결과가 두려워 테티스와의 사랑을 포기했는지도 모른다.

테티스가 아킬레우스에게 신성을 부여하려는 노력은 아킬레우스의 죽음으로 부질없는 짓이 되어 버렸다. 왜 아킬레우스는 어머니 테티스의 노력에도 불구하고 신처럼 불멸성을 얻지 못했을까?스틱스강에 아킬레우스를 담글 때 범한 실수 때문이라면 테티스의 신성 또한 문제가 된다. 적어도 신이라면 그런 종류의 실수는 어울리지 않는다. 결국 아킬레우스가 불완전한 신성을 부여받았다는 사실은 인간이 신성에 근접할 수는 있지만 완전한 신성과 하나가 될 수 없음을 보여 주고 있다.

그리스 진영의 스타가 아킬레우스라면 트로이 진영의 맞수는 헬레네를 납치한 파리스가 아니라 파리스의 형이자 명장인 헥토르이다. 남의 여자를 납치한 파리스보다는 동생의 파렴치한(?) 행위에도 불구하고 나라를 위해 목숨을 걸고 싸우는 헥토르가 트로이의 영웅에 걸맞기 때문일까?

파리스의 심판 이다산의 양치기 파리스는 갑자기 나타난 세 명의 여신들로부터 누가 이 세상에서 제일 아름다운지 심판을 해달라는 부탁을 받는다. 인간에게 선택의 순간이야말로 자신의 운명을 바꿀 수 있다는 속설을 신화는 잘 보여주고 있다. 오른쪽에 등을 보이고 있는 신은 헤라 여신이고, 가운데가 아프로디테 그리고 메두사의 머리가 박힌 방패가 보이는 여신이 아테나 여신이다. 헤라의 성조 공작도 보인다. 루벤스의 그림이다.

두 영웅의 공통점에 대해 생각해 보자. 먼저 이들 영웅들은 헤라클레스와 같은 존재들이다. 즉, '먼저 쏘고 나중에 의문을 품는' 특유의 태도를 취하거나, 아니면 항상 '앞으로만 나가려는' 통제 불능의 충동으로 선제 공격을 벌이기 일쑤이다. 아킬레우스는 브리세이스를 아가멤논에게 빼앗기자 막사 안으로 들어가 나오지 않는다. 그에게 트로이 원정은 개인적인 명예를 상실할 만큼 중요한 것이 아니었던 것이다. 헥토르도 예외는 아니다. 영어에 'hector'란 단어가 '떠벌리기 좋아하는 사람'을 의미하듯이 헥토르도 개인적인 명예에 들떠 있는 존재임을 알 수 있다. 이런 두 영웅은 성격상 필연적으로 한 쪽의 생(生)은 다른 한 쪽의 죽음을 의미한다.

두 영웅은 도착 증세를 보이는 면도 비슷하다. 아킬레우스는 브리세이스를 아가멤논에게 빼앗긴 뒤에 막사에 틀어박혀 버린다. 그 결과 그리스 군이 트로이 군에 연패를 당하자 친구인 파트로클레스가 대신 나가 싸우다 전사한다. 친구가 죽자 아킬레우스는 미치광이가 되어 살육자로 돌변한다. 헥토르를 죽인 뒤 시체를 전차에 매달아 끌고 다니는 것도 도착된 그의 정신 상태를 보여 준다. 헥토르도 비슷한 혼돈의 양상을 보인다. 자신의 가족과 명예를 보호하기로 작정을 한 헥토르는 맹목적인 충성과 명예를 혼동한 나머지 잘못된 명분을 알면서도 싸운다.

아킬레우스와 헥토르는 그럼에도 불구하고 서로 대립된 가치관을 가진 영웅들이다. 먼저 아킬레우스는 전쟁의 명분과 개인의 명예를 혼동하는 인물이다. 아가멤논에 대한 사사로운 감정 때문에 어머니인 테티스에게 자신이 속한 그리스군이 트로이에게 패하도록 간청한다. 결국 테티스는 제우스에게 간청을 하고 아킬레우스의 소원은 이루어진다. 우주가 혼돈된 상태에서 만들어지고 그 속에서 신과 인간들이 만들어진 이상, 신화 속의 인물들도 일관된 가치관을 보여 주지 못하고 있다.

한편, 헥토르는 아킬레우스에 비해 다소 균형 감각을 가진 영웅이다. 그는 트로이 전쟁이 교착 상태에 빠지자 그리스의 장수와 파리스를 대결시켜 승자에게 헬레네를 주자고 제안한다. 명분 없는 전쟁에 대한 합리적인 해결책을 제시한 것이다. 그리고 아킬레우스에 쫓겨 고립무원의 위기에 빠지자 헥토르는 성안으로 피신하라는 아버지 프리아모스왕의 부탁을 거절한다. 자신 때문에 여러 병사들이 죽었는데 자신의 목숨만을 부지할 수 없다고 주장한다. 전쟁광인 아킬레우스에 비해 인간적이고 합리적인 면을 가진 헥토르의 모습을 엿볼 수 있다.

구조주의자들의 신화 분석에서 자주 등장하는 대립의 구도는 트로이 전쟁에서도 어김 없이 드러난다. 헥토르와 아킬레우스 뿐만 아니라 신들도 인간들의 반목과 타락에 한 몫을 한다. 결국 그리스 신화는 신들과 영웅들을 통해 인간 세상의 모습을 그리고 있음을 알 수 있다.

그리스 신화 정리

수많은 여신들뿐만 아니라 인간들과도 사랑을 나누었던 제우스, 끊임없이 그런 남편을 감시하는 헤라, 보잘것 없는 남편 헤파이스토스 몰래 바람을 피웠던 아프로디테, 어머니의 복수를 위해서는 잔인할 정도로 인간들을 징벌한 아폴론과 아르테미스, 이들이 무려 6천여명 이상의 신과 영웅 그리고 인간들이 등장하는 그리스 신화의 주역들이다.

그리스 신화의 특징은 역시 인본주의에 있다. 신들의 형상도 인간과 다르지 않으며 신들도 인간처럼 질투하고 때로는 실수를 범하기도 한다. 다른 신화에서는 신들과 인간들과의 관계가 절대자와 나약한 존재로 대비되는 것과 달리, 그리스 신화에서 인간은 때로는 영웅이 되기도 하고 죽어서는 신들의 반열에 오르기도 한다.

그리스 신화가 이처럼 다양한 모습을 보여 주는 것은 신화를 문학의 차원으로 끌어올린 그리스인들의 노력의 결과이다. 구전으로 전해오는 트로이 전쟁을 훌륭한 대서사시로 승화시킨 호메로스가 그 대표적인 사람이다.

제우스와 테티스

여신 테티스가 그리스 연합군이 트로이군에게 패하도록 제우스에게 간청하고 있다. 그녀가 이런 간청을 하는 이유는 단 하나. 그리스 연합군에 원정중인 아들 아킬레우스가 총사령관 아가멤논에게 모욕을 받았기 때문이다. 아들의 명예가 그리스의 운명보다 더 중요한 모양이다.

그리스 신화의 특징은 역시 등장 인물들의 유기적 관계에서 찾을 수 있다. 복잡한 가계에 의해 얽힌 구조는 신화를 읽는 이로 하여금 그 사실성에 더 근접하게 만든다. 그러나 그리스 신화를 신화답게 끌어올린 가장 큰 원동력은 그리스 신화가 인간 세상의 얘기를 그대로 투영하고 있다는 데 있다. 예를 들어 대지의 신 가이아가 자식들과의 사이에서 괴물들을 만들어 내며 끝까지 제우스에게 우주의 지배권을 넘기지 않으려고 했던 것은 모권 사회에서 가부장적 사회로 이동하는 과정을 보여 주는 것으로 해석할 수 있다. 물론 가이아는 결과적으로 제우스에게 전권을 넘겨주었지만 헤라를 통하여 끊임없이 남편을 감시한다.

그리스 신화에서는 특히 근친간의 사랑이나 동성간의 사랑 이야기도 자주 등장한다. 오이디푸스 이야기는 근친상간의 모티프를 가장 잘 보여 주는 이야기이다. 트로이 전쟁에서도 절세의 미인 헬레네를 사랑한 많은 영웅들 뒤에는 그녀의 쌍둥이 오빠 폴룩스도 끼여 있었다. 이밖에도 아버지를 사랑한 죄로 목숨을 잃었던 스뮈르나, 아버지 아가멤논을 죽인 어머니 크리타임네스트라를 살해한 엘렉트라 이야기는 그리스 신화에 자주 등장하는 근친상간의 이야기이다.

고대 그리스 사회에서 남성간의 사랑은 흔한 것이었기에 신화에는 그들의 사랑 이야기를 쉽게 발견할 수 있다. 미소년 가니메네스에 반한 제우스, 역시 미소년 히야킨토스에 반한 아폴론의 이야기는 동성간의 사랑 이야기를 상징적으로 보여 주고 있다.

결국 그리스 신화는 고대 그리스인들이 어떤 사회에서 어떤 관습을 가지고 살았는지, 그리고 그들이 걸어온 과거의 발자취들에 대하여 우리에게 말하고 있는 것이다.

여장을 한 아킬레우스 트로이 전쟁은 아킬레우스의 어머니 테티스와 인간 펠레우스의 결혼에서 비롯된 것이기에 아킬레우스의 운명은 이미 정해져 있었는지 모른다. 아들의 죽음을 예감한 테티스는 아킬레우스를 여자로 변장시켜 스키로스 섬으로 보낸다. 그러나 아킬레우스가 없으면 전쟁에서 이길 수 없다는 것을 알고 있던 오디세우스는 방물장수로 변장하고 스키로스 섬으로 들어간다. 여인들은 방물장수가 내놓은 패물 등에 정신이 팔려 있었는데 유독 한 여자만이 칼을 잡았다. 아킬레우스였다. 결국 아킬레우스는 자기의 운명을 재촉할 트로이 원정에 합류한다.

제우스의 감시자 헤라 제우스가 구세대의 신족인 티탄족과 기간테스족을 물리치고 신들의 세계를 평정하기까지 대지의 여신 가이아는 필사적으로 제우스에게 저항한다. 최후의 괴물 튀폰을 스스로 낳아 제우스와 최후의 결전을 벌이지만 결국 제우스의 승리로 끝난다. 모권 사회가 종말을 고하는 상징적인 사건이다. 그렇지만 가이아의 역할을 이어받은 여신이 있었으니 바로 제우스의 누이이자 아내인 헤라였다. 그녀의 성조인 공작은 100개의 눈을 가지고 있었는데, 바로 아르고스의 눈이었다. 바람둥이 남편을 감시하기 위해 이보다 더 좋은 방법이 있을까?

변신의 귀재 제우스 제그리스 신화에서 제우스만큼 수많은 변신을 통하여 사랑을 얻은 존재도 없다. 본래 신이 인간과 교통하려면 본래의 모습으로는 불가능하다. 이런 신의 속성을 누구보다 잘 이용한 신이 바로 제우스다. 백조로 변신한 제우스가 레다 곁에서 추근거리고 있다. 헤라에게 다가갈 때는 비둘기, 다나에와 사랑을 나눌 때는 황금 소나기로 변신한 제우스야말로 올림포스 최고의 바람둥이인데, 고대 사회에서 부족장들이 많은 후손을 퍼뜨리려는 소망을 잘 보여 준다.

라오콘 부자 그리스 연합군은 오디세우스의 전략에 따라 목마를 남기고 철수한다. 트로이 진영에서는 격론이 벌어진다. 특히 아폴론의 신관 라오콘은 교활한 그리스인들의 함정에 넘어가서는 안된다고 주장한다. 그러나 그때 바다에서 거대한 뱀이 나타나 라오콘 부자를 칭칭 감아 죽여버리고 만다. 트로이 사람들은 목마에 창을 던진 라오콘이 천벌을 받았다고 믿었다.

올림포스의 '주홍글씨' 아프로디테 미의 여신 아프로디테는 그녀의 남편 헤파이스토스에게는 관심조차 없었다. 그녀는 추한 몰골에 다리까지 온전치 못한 남편을 거들떠보지도 않았다. 미인박명, 아니 미인호색이라고 해야 할까? 아프로디테는 헤파이스토스 몰래 전쟁의 신 아레스와 사랑을 나눈다. 그렇지만 헤파이스토스가 누군가? 올림포스 최고의 손재주꾼 아닌가? 헤파이스토스는 아프로디테의 간통 현장을 잡기 위해 보이지 않는 그물을 만들었다. 그리고 두 신이 하나가 되는 순간에 그물을 던진다. 이제 올림포스 신들 앞에서 이들을 고발하는 일만 남았다. 아프로디테의 스캔들 소식을 듣고 신들이 한걸음에 달려온다. 그런데 어찌된 일인지 남신들의 표정에는 헤파이스토스에 대한 동정보다는 아레스를 부러워하는 모습이 역력하다. 영어로 'aphrodisiac'이라는 말은 '성적 욕망을 촉진시키는'이라는 뜻을 가지고 있다.

미다스왕과 디오뉘소스 신화 속의 인간들은 때때로 과욕을 부리다가 파멸의 수렁에 빠진다. 미다스왕은 본래 디오뉘소스의 스승이며 양부인 실레노스를 잘 보살펴 준 덕분에 디오뉘소스로부터 선물을 받게 되었다. 바로 '황금의 손길' 즉 'Golden touch'였다.

목욕중인 아르테미스 그리스 신화에 등장하는 쌍둥이 오누이 중에는 태양신 아폴론과 그의 누이 아르테미스가 있다. 어머니 레토 여신의 뱃속에서 나오자마자 동생의 출산을 도왔다는 여신, 야생동물의 수호신이자 사냥꾼의 수호신인 아르테미스는 달의 여신이기도 했다.

조금더 생각하기

아버지를 사랑한 여인, 스뮈르나

신화에서 신에게 감히 도전한 인간의 말로는 비참합니다.
인육을 신들에게 먹이려던 탄탈로스,
간웅 조조를 능가하는 그리스 최대의 모사꾼 시쥐포스는
지금도 타르타로스에서 바위를 산정상으로 올리고 있을 것입니다.

그러나 이들이 받은 형벌은 그래도 육체적인 고통이라 참을 수 있을지 모릅니다. 이번 에피소드의 주인공 스뮈르나는 자신의 미모를 과시하다 천형을 받은 여인입니다.

스뮈르나는 빼어난 미모의 소유자였던 것 같습니다.
그런데 인간의 자만심은 그 한계를 모르죠.
감히 미의 여신보다 자신이 더 아름답다고 생각하고 말았으니. . .

분노한 아프로디테는 에로스로 하여금 화살을 쏘게 만듭니다.
그런데 스뮈르나가 화살을 맞은 다음 처음으로 보게 된 사람이 그녀의 어버지인 키프로스의 왕 키뉘라스였으니 그 뒤의 운명은. . .

키뉘라스는 그런 딸을 죽이려 합니다.
스뮈르나는 신들에게 구원을 청해 마침내 향나무로 변하고 말죠.
화가 풀리지 않은 키뉘라스는 향나무를 두 동강이내고 맙니다.
그러자 그 속에서 사내 아이가 나오는데, 바로 그리스 최고의 미남 아도니스였죠.

여기까지가 1부 이야기의 끝입니다.
만약 향나무에서 태어난 아이가 보통 아이였다면
여신들은 큰 관심을 가지지 않았을 것입니다.
그런데 여신들도 미남에게는 약한가 봅니다.

아프로디테는 어머니가 없는 아도니스를
하데스의 부인 페르세포네에게 양육을 맡깁니다.
그런데 이 아이가 원빈 뺨치는지라 페르세포네는 연정을 품게 됩니다.
아프로디테 또한 누구입니까?
이미 그리스의 미남들을 다 섭렵한 장본인 아닌가요?

결국 아프로디테와 페르세포네는 아도니스를 사이에 두고 연적이 되고 맙니다. 중재에 나선 제우스는 일년 중 넉 달은 지하 세계에서, 넉달은 아프로디테와 그리고 나머지는 아도니스의 자유에 맡겼습니다.

그러나 미인박명, 아니 미남박명이라고 했던가요. . .
아도니스는 멧돼지에 받혀 죽고 맙니다.
그의 시신에 신주 넥타르를 뿌리자 거기에서 아름다운 꽃이 하나 피어났으니 그 꽃이 바로 아네모네. . .

꽃말은 바람꽃, 즉 바람이 불어서 꽃을 피게 하고,
다시 바람이 불어서 꽃을 지게한다는 뜻입니다.

신화의 단골 모티프, 복수

융의 설명을 빌리지 않아도 우리는 영화 속의 이야기에 자주 동감합니다. 수천년 아니 수만년 동안 우리 인간의 머리 속에 스테레오타입으로 박힌 무언가가 있는 것일까요?

그중 대표적인 신화적 모티프는 '복수'입니다.
박찬욱 감독의 복수시리즈가 전세계 영화팬들에게 공감을 주는 이유도 여기에 있는지 모릅니다.

그리스 신화로 들어가 봅시다.
크로노스가 무지막지한 낫으로 아버지 우라노스의 남근을 잘라 바다에 버리자 그 속에서 미의 여신 아프로디테가 태어난 것은 잘 알려진 얘기입니다.
사랑과 증오는 본래 그 뿌리가 하나라고 그랬던가요?

우라노스의 거세에서 사랑의 여신이 태어났다는 것은 다분히 역설적입니다.
그래서 지금도 우리 주위에서는 '너무나 사랑했기 때문에 죽였다'라고 고백하는 사람들이 있는지 모릅니다.

그런데 우라노스의 남근에서 피가 떨어져 바다에 떨어질 때
사랑의 신만 태어난 것은 아닙니다.
그리스인들은 일석이조, 아니 일석삼조에 익숙한 사람들입니다.
한 명의 신이 여러 직업을 가지고 있지 않던가요?

천공의 신 우라노스의 가장 중요한 부분에서 한 명의 신만 태어났다면
웬지 비경제적이라는 느낌이 듭니다.
머리카락 몇 개 뽑아서 수천의 분신을 만드는 손오공도 있는데
천공의 신이 로맨틱한 사랑의 신만 덩그러니 만들어 놓고 무대의 뒤로 사라지기에는 너무 섭섭했는지 그는 복수의 여신들도 만들어 냈습니다.

알렉토(멈추지 않는 분노), 메가이라(질투), 티시포네(살해의 복수).
바로 이 세 명의 여신이 우라노스의 남근에서 태어난 복수의 여신들입니다.

동서고금을 막론하고 '복수는 나의 것'이 아니라 '여자들의 것'인가 봅니다.

그녀들은 커다란 날개에, 머리카락 한 올 한 올은 뱀으로 되어 있었고, 언제나 채찍과 횃불을 들고 다닙니다.
마치 망치를 들고 감금방을 찾아나섰던 오대수처럼.

복수의 여신들에게 희생당한 사람중에는 친어머니인 클리타임네스트라를 살해한 오레스테스도 있었습니다.
그녀는 트로이 전쟁의 영웅 아가멤논의 딸인데, 어머니가 간부와 짜고 아버지 아가멤논을 죽였다고 믿고 있었죠.
즉 아버지에 대한 딸의 감정이 남달랐음을 보여 주고 있습니다.
오레스테스의 여동생 엘렉트라도 마찬가지였다고 합니다.
그래서 오이디푸스 컴플렉스에 대한 상대적인 컴플렉스를 엘렉트라 컴플렉스라 부릅니다.

그러나 오레스테스는 아테네의 법정에서 아폴론과 아테나 여신의 변론 덕분으로 무죄 판결을 받았습니다.
트로이 편을 들었던 두 신에게 트로이를 멸망시킨 아가멤논의 부인을 살해한 것은 죄가 아니었는지 모릅니다.
신들도 때로는 공평하지 못하기 때문일까요?

어느 노부부의 소원

어느날 제우스가 헤르메스와 함께 지상으로 내려왔습니다.
제우스와 헤르메스가 찾은 땅은 '프라기아'로 불리는 땅이었죠.
하지만 신들은 지상에 내려올 때 자신의 모습으로 내려오는 법이 없습니다.
단군신화에서는 이것을 가화(假化)라고 부릅니다.

다시 말해 변신을 하고 지상에 내려온다는 뜻이죠.

이런 신의 모습을 보려다가 불에 타 죽은 여인이 바로 디오니소스의 어머니 세멜레입니다. 사랑하는 제우스에게 본래의 모습을 보여 달라고 조른 여인이나, 그걸 약속한 제우스나 똑같습니다.

프라기아를 찾은 두 신은 한 마을을 찾았습니다. 이집 저집을 기웃거리다 한 오두막에 들어가 하룻밤 묵어 가게 해달라고 청합니다.
그 집에는 필레몬과 바우키스라는 노부부가 살고 있었죠.
그들은 뒷뜰에서 키운 채소와 돼지고기 그리고 귀한 포도주를 내왔습니다.
그런데 식사 중에 노부부는 깜짝 놀라고 말았습니다.
마셔도 마셔도 손님들의 포도주가 줄지 않는 것이었죠.
물론 우리 주위에도 밑빠진 독처럼 술을 잘 마시는 사람이 있지만.

그제서야 그들은 그 손님들이 누군지 알았습니다.
그리고 소홀히 접대한 자신들을 용서해 달라고 빌었습니다.

그러나 제우스는 그들을 일으켜 세우며 감사의 뜻을 전합니다.
그리고 소원을 하나 얘기해 보라고 말하죠.
신화에서 제일 중요한 선택의 순간이 온 것입니다.

이 노부부의 소원은 의외로 소박했습니다.
자신들이 사제가 되어 제우스 신을 섬기겠으니 둘이 같은 날 죽게해 달라고 간청했던 것이죠.

물론 제우스는 그들의 소원을 들어주었습니다. . .

아마 노부부가 빌었던 소원은 인간이 바랄 수 있는 소원 중에서 가장 소중한 것이 아니었을까요?

제 7장

모든 길은 법으로 : 로마 신화

제 7장

모든 길은 법으로 : 로마 신화

이스라엘 민족을 논할 때 종교를 빼고 말할 수 없고, 그리스 민족을 논할 때 철학을 뺄 수 없듯이 로마인들은 법을 빼고 말할 수 없다. '서양 문명'이라는 집을 지을 때 주춧돌에 해당하는 돌이 헤브라이즘과 헬레니즘이라면, 그 곳에 집을 지은 민족은 로마인들이다. 물론 그 뒤 리모델링을 한 다음 새 집에 들어가 사는 민족은 로마 제국의 영원한 적 게르만 민족이지만.

본래 신화의 생성은 멀리 구석기 시대까지 거슬러 올라간다고 했다. 그만큼 신화에는 선사 시대 이후 인류의 과거 역사가 그대로 담겨 있다는 말이다. 그러나 메소포타미아 지방에서 문자가 발명되고 소위 세계 4대 문명이 싹트자 신화는 서서히 역사에게 자신의 역할을 양보한다.

로마 제국은 세계사에서 그 유례를 찾아보기 힘든 대제국이었고, 그만큼 로마 문명이 끼친 영향도 적지 않다. 그러나 신화적인 측면에서 본다면 로마 신화는 그 이전의 문명보다 결코 풍부한 면을 찾아볼 수 없다. 지금도 '그리스 로마 신화'라는 표현을 쓸 때 '로마'는 수식어에 불과하다. 실제로 로마의 신화를 연구한 독립적인 저서는 그리 많지 않다. 그렇다면 왜 로마인들은 그리스인들처럼 많은 신화를 만들어 내지 않았을까? 이번 장에서는 로마 신화의 특징에 대해 살펴보기로 하자.

로마 신화의 특징

로마가 국가의 틀을 갖추어 갈 무렵, 이미 로마는 고도의 문명 사회에 접어들고 있었다. 이전의 고대 문명 사회에 비해 로마 제국의 지적 수준과 문명 수준은 근대적인 국가로서 손색이 없었다고 말할 수 있다. 이런 분위기에서 신화는 설 자리를 쉽게 찾지 못한다.

신화학자 조셉 캠벨은 미국에서 범죄가 많이 발생하는 이유에 대해 "미국에는 신화가 없기 때문이다"라고 지적했는데 이 말은 한 번 생각해 볼 필요가 있다. 문명 사회의 발달과 신화의 보존은 반비례하는 것처럼 보이지만, 그 이면을 살펴보면 꼭 그런 것도 아니다. 왜냐하면 신화는 현대 문명 사회에서 결핍된 정신 문명을 보충해 줄 수 있기 때문이다.

한 그리스 작가는 로마인들이 별다른 신화를 갖지 않은 이유를 다음과 같이 설명한다. 즉, 적절한 의례를 실천하고 시민적인 미덕을 고무하여 신의 은총을 유지하는 것이 최고라고 생각한 로물루스[15]의 선견지명 때문이라는 것이다. 다시 말해 실용적이고 합리적인 로마인들에게 신화는 더 이상 설득력이 없었다는 설명이다.

그런 까닭에 로마 신화에는 다른 신화처럼 창조 신화와 같은 이야기가 보이지 않는다. 그렇다면 로마인들은 신화를 어떻게 생각했을

15 로마 건국 신화에 등장하는 쌍둥이 형제.

까. 먼저 로마인들은 그리스인들처럼 신화가 한 민족이 걸어온 과거를 보여 준다고 생각했다. 그런데 그리스인들의 신화가 아주 먼 시절에 자신들이 지나온 과거인데 반하여, 로마인들의 과거는 그리 오래 거슬러 올라가지 않는다. 그만큼 신화의 신비성이 로마인들에게는 별 영향을 미치지 못했다는 말이다. 두 번째로 들 수 있는 로마 신화의 특징으로는 신화의 창작 시점이다. 대부분의 로마 신화들은 기원 전후에 활동했던 작가들에 의해 나왔는데, 이 때의 로마는 이미 고도의 도시국가 사회로 발전한 상태였다.

로마 신화는 다른 신화에 비해 건국 신화가 중요한 비중을 차지한다. 일례로 로마인들은 신화를 통해 일종의 허구적인 사건을 미화하지 않고 자신들의 역사를 신화를 통하여 보여 주려고 노력했다. 대표적인 로마 건국의 건국 신화는 트로이의 패장(敗將) 아이네이아스로부터 시작된다.

아이네이아스, 로마 건국의 시조

로마인들은 건국의 시조로서 기꺼이 외국인도 마다하지 않고 받아들였다. 물론 그 외국인은 로마인들이 본받으려 했던 그리스 문명, 그중에서도 트로이 출신 장군이었다. 그 장수의 이름은 아이네이아스. 어머니는 아프로디테이고 트로이가 패망하는 순간 탈출에 성공한 트로이의 장군이다. 아이네이아스의 긴 탈출 여정을 보자.

트로이군이 그리스군이 놓고 간 목마를 성 안으로 들여 놓자 성 안은 아비규환의 지옥으로 변한다. 전투가 한창일 때 트로이의 왕 프라아모스의 참살 장면을 보고 절망한 아이네이아스는 신전에 숨어 있는 헬레네를 죽이려 한다. 그러나 이 때 베누스-아프로디테에 해당하는 로마의 여신-가 나타나 트로이를 버리고 도망가라고 조언한다. 트로이를 탈출하는 도중에 아내가 죽지만 그녀는 망령이 되어 나타나 헤스페리아로 가라고 충고한다. 그러나 헤스페리아가 서쪽의 나라라는 사실밖에 모르는 아이네이아스는 어디로 가야할지 모른 채 방황한다.

아이네이아스 일행은 그리스의 델로스 섬에 도착하지만 아폴론 신은 '어머니의 나라'로 가라고 말한다. 거기에서 일행은 다시 크레타 섬으로 갔지만 페나테스 신-트로이의 수호신-의 선조 다르다누스의 고향 이탈리아로 가라는 예언을 듣는다.

천신만고 끝에 이탈리아의 시칠리아에 도착한 아이네이아스 일행은 거인 퀴클로페스와 만나지만, 그들을 물리치고 섬의 서해안에 상륙한다. 그러나 이탈리아를 눈앞에 두고 아버지 안키세스와 사별한다.

다시 시칠리아를 출발한 일행은 헤라가 일으킨 폭풍 때문에 카르타고에 도착한다. 헤라는 아프로디테에게 황금 사과를 빼앗겨 가뜩이나 심기가 편치 않았던 터였다. 그런데 아이네이아스가 도착한 곳은 페니키아인 디도 여왕이 다스리고 있었다. 아이네이아스는 디노 여왕에게 도움을 청했고, 아이네이아스의 모험담을 들은 여왕은 그에게 애정을 느끼기 시작한다. 두 사람은 사랑에 빠지지만 제우스는 아이네이아스에게 사신을 보내 로마를 건국해야 하는 임무를 일깨워준다. 결국 아이네이아스는 카르타고를 떠나고, 디도 여왕은 무서운 저주를 퍼붓고 자살하고 만다.

아이네이아스는 카르타고를 떠나 이탈리아의 나폴리 근처에 도착한다. 그는 아폴론 신전에서 무녀 시빌라에게 사자(死者)의 나라로 가고 싶다는 부탁을 한다. 무녀는 먼저 황금가지를 찾아올 것을 주문한다. 아이네이아스는 시빌라의 도움으로 명계에 내려간다.

명계에 내려간 아이네이아스는 먼저 디도를 만난다. 그는 디도에게 자신이 의지대로 그녀를 떠난 것이 아니라 신의 의지에 의해서 떠날 수밖에 없었다고 설명한다. 그러나 디도의 영혼은 그의 변명에 대꾸도 없이 사라져 버리고 만다.

더 깊이 내려가자 아이네이아스는 파리스의 동생인 데이포보스를 만난다. 그는 형이 죽고 난 뒤 헬레네와 결혼했으나 그녀의 배반으로 전 남편 메넬라오스에게 살해되었다는 비참한 이야기를 들려준다. 그 곳을 지나자 명계는 타르타로스와 엘리시온의 경계에 이른다. 그는 엘리시온으로 들어갔는데, 그 곳에는 오르페우스가 묘한 선율을 연주하고 있었다.

마침내 아이네이아스는 아버지 안키세스와 해후를 한다. 안키세스는 아들을 보고 감격한다. 그는 아들에게 사람의 영혼이 어떤 운명을 걷게 되는지 들려준다.

> "인간의 영혼은 원래 순수한 천상의 영기에서 기원한 것이다. 그러나 영혼이 각자의 육체로 들어가면 욕망과 공포의 노예가 되어 악습과 병폐에 물들게 된다. 따라서 영혼은 육체가 사라진 후 깊이 스민 죄악을 씻어 정화시키기 위해 명계에서 여러 가지 벌을 받는다. 이렇게 하여 정화된 영혼은 엘리시온으로 보내진다. 그러나 그것으로 끝나는 것은 아니다. 엘리시온에서 천 년을 지낸 다음 영혼은 레테의 강물을 마셔 모든 것을 잊고 지상으로 돌아와 새로운 육체 속으로 다시 들어간다. 이렇게 하여 영혼은 영겁의 생을 윤회하며 거듭나는 것이다."

그는 아이네이아스가 이탈리아에서 라비니아를 처로 맞이하고, 두 사람의 자손이 대를 이어 알바롱가의 왕이 될 것이라는 예언과, 이 왕가의 마지막 형통인 로물루스가 신도시 로마를 건설하고 초대 왕이 될 것이라는 예언도 함께 한다.

아이네이아스는 아버지의 예언을 가슴 속에 새기고 지상으로 돌아와 테베리스강(테베레강)하구에 이른다. 당시 그 땅은 라티니족의 늙은 왕 라티누스가 지배하고 있는 라티눔이라는 나라였다. 아이네이아스 일행이 도착하기 전에 라티누스의 딸 라비니아는 다른 나라 사람에게 시집보내야 한다는 신탁이 내려져 있었다. 그래서 왕은 딸을 아이네이아스에게 시집을 보내려고 했다. 그러자 약혼자 투루누스가 반발하여 두 사람 사이에는 결투가 벌어졌다. 전쟁에 승리한 아이네이아스는 라비니움이라는 나라를 건설하고 그 곳의 왕이 되었다.

아이네이아스가 겪은 모험의 절정은 죽은 아버지 안키세우스를 만나는 장면이다. 로마인들은 그리스 영웅들이 최후의 관문으로서 지하 세계로 하강하는 것처럼 자신들의 시조를 지하 세계로 내려 보낸다. 그 곳에서 인간의 영혼과 육체와의 관계도 알게 되고, 새로 세울 나라에 대한 예언도 듣는다. 로마 신화는 이렇듯 수많은 역경을 헤쳐온 아이네이아스가 영웅의 마지막 통과의례인 지하 세계의 하강을 통하여 진정한 영웅으로 탄생하는 과정을 잘보여 주고 있다.

로마를 건국한 양치기 로물루스

로마인들은 도시 국가 로마를 건국한 인물로 로물루스라는 인물을 만들어 냈다. 아이네이아스가 건설한 라비니움은 알바롱가를 중심 도시로 약 300년간 평화를 유지했다. 그러나 알바롱가의 왕위를 누미토르가 계승하자 그의 동생 아물리우스는 형의 왕위를 빼앗고 형을 국외로 추방한다. 그리고 형의 아들들을 모두 죽이고 딸 실비아는 베스타 신전의 무녀로 만들어 평생 처녀로 살게 만든다.

왜 아물리우스는 실비아의 목숨마저 빼앗지 않았을까? 혹시 실비아가 자식을 낳는다면 그 뒤의 얘기는 짐작하고도 남을텐데. 신화에는 이렇듯 알면서도 모른척하며 범하는 실수가 꼭 들어 있다. 로물루스의 이야기에서도 실비아는 바로 그런 인물이다. 실비아가 로마 건국의 아버지 로물루스를 낳은 설화를 보자.

물을 뜨러 마르스 숲에 간 실비아는 늑대를 만나 급히 동굴로 피신한다. 그 곳에서 마르스를 만나 사랑을 나눈다. 그런데 마르스가 누구인가. 그리스 신화의 아레스가 로마 신화의 마르스인데 두 신의 대접은 그리스와 로마에서 하늘과 땅 차이만큼 컸다. 제우스와 헤라의 적자인 아레스는 아버지 제우스조차 경멸하던 전쟁의 신이었지만, 군사력을 중시했던 로마에서는 가장 인기가 있는 신으로 대접받는다.

로물루스 형제 유럽의 신화에는 자주 등장하는 동물이 있다. 게르만 신화에서는 암소 아우두물라가 등장하고 늑대 펠리르는 악의 화신으로 나온다. 그러나 로마 신화에서 늑대는 좋은 이미지로 묘사되어 있다. 사진은 버려진 로물루스 형제에게 젖을 먹이고 있는 늑대의 모습이다.

마르스와 사랑을 나눈 실비아는 쌍둥이 사내아이를 낳는다. 이 사실을 안 아물리우스는 쌍둥이를 테베리스강에 버리도록 명령하지만, 홍수에 테베리스강이 범람하여 아이들은 무화과 나무에 걸리고 만다. 마침 지나가던 늑대가 아이들을 거두어 자기 자식처럼 키운다. 그러던 어느 날 파우스툴루스라는 양치기와 그의 아내 라렌티아가 이 쌍둥이를 발견하여 기르게 된다.

이렇게 신화의 주인공은 자신들의 정체성을 모른 채 성장한다. 물론 어느 날 자신들의 정체성을 알게 되는 날이 꼭 오지만. 켐벨의 통과의례 공식은 로물루스 형제에게도 그대로 적용된다.

팔라티노 언덕과 로마의 탄생

이제 양아버지 밑에서 자란 로물루스 형제가 복수를 할 차례이다. 통과의례의 공식이 그대로 적용되는 순간이다. 출생의 비밀을 알게 된 로물루스 형제는 어떻게 되었을까?

> 양아버지 파우스툴루스는 이웃 목동들과의 싸움을 계기로 로물루스 형제들에게 출생의 비밀을 털어 놓는다. 결국 두 형제는 아물리우스 궁전을 공격하여 할아버지의 왕위를 되찾는다. 그런데 이번에는 로물루스와 레무스 중에서 누가 왕이 될 것인가가 문제였다. 둘은 나이도 같았기 때문에 결국 신탁을 묻기로 했다. 새[鳥]점을 묻기로 결정한 로물루스는 팔라티노 언덕에, 그리고 레무스는 아벤티누스 언덕에서 새가 나타나기를 기다렸다. 여섯 마리의 새가 아벤티누스 언덕에, 그리고 잠시 뒤에 열두 마리의 새가 팔라티노 언덕에 나타났다. 그런데 문제는 먼저 새가 나타난 쪽을 왕으로 삼을 것이냐, 아니면 많이 나타난 쪽을 왕으로 삼을 것인가가 문제였다. 결국 양진영은 전투를 벌이게 되는데 그 와중에 레무스가 죽는다. 승리한 로물루스는 자신의 이름을 따서 나라의 이름을 로마라고 했다.

사비니 여인들 이미 로마인들의 아내가 된 사비니 여인들이 전투를 벌이는 로마군과 사비니군 사이에서 전투의 중단을 호소하고 있다. 신고전주의 화가 다비드의 『사비니 여인들』에는 신화적 모티프가 잘 나타나 있다.

여기까지가 로마의 건국 신화이다. 물론 로마의 건국 이야기는 여기에서 끝나지 않는다. 모든 설화는 '결핍'에서 시작한다고 하지 않았던가? 무엇이 부족했을까?

신생 국가 로마에는 여자가 부족했다. 묘책을 궁리하던 로물루스는 성대한 축제를 열어 인근 도시의 여인들을 불러들인다. 특히 사비니족 여인들이 새로운 도시를 보기 위해 이 축제에 많이 참가했다. 로마의 남자들은 일순간에 사비니족 여인들을 강탈한다. 신고전주의 화가 다비드의 『사비니 여인의 강탈』은 이 사건을 모티프로 삼은 그림이다.

사비니족 여인들이 강제로 로마에 납치된 후 사비니의 왕 타티우스가 로마에 쳐들어 온다. 그러나 이미 로마인들의 처가 된 사비니 여인들의 호소 덕분에 두 진영은 화해를 하고 로마를 공동으로 통치하기에 이른다. 그후 타티우스가 죽자 로물루스가 다시 로마를 통치하고 폭풍이 세차게 부는 날 홀연히 사라진다. 로마 사람들은 그가 신으로 승천했다고 믿었다.

쌍둥이 미남 신화

인구어족 신화에는 쌍둥이 형제가 자주 등장한다. 쌍둥이 형제의 탄생은 무슨 의미를 지니는가? 프랑스의 비교신화학자 뒤메질은 인구어족의 신화를 셋으로 구분했다. 각 계층은 고유의 기능을 수행하는데 먼저, <제 1기능 체계>에 속하는 신들은 마술로써 우주의 왕으로 군림하는 신들이다. 두 번째 계층의 신들은 <제 2기능 체계>에 속하는 신들인데, 이들은 바람, 비, 천둥, 번개 등의 자연 현상을 일으켜서 악마적 현상과 싸우는 신들이다. 마지막으로 세 번째 계층의 신들은 <제 3기능 체계>에 속하는데, 이들은 지상의 풍요와 생식 및 그 조건인 평화, 건강, 미(美) 등을 관장하는 신들이다.

그리스 신화의 제우스와 인도의 바루나 신 등이 첫 번째 체계에 속하는 신들이며, 헤라클레스와 로마의 마르스 같은 신들은 두 번째 계층에 속하는 신들이다. 그리고 <제 3기능 체계>에 속하는 신들로는 그리스의 아프로디테, 데메테르, 게르만 신화의 프레이르, 프레이야 등을 들 수 있다. 그 중 <제 3기능 체계>에서 가장 중요한 존재는 미남인 쌍둥이 신인데, 그 성격은 인도의 아슈빈, 게르만 신화의 프레이르와 프레이야 쌍둥이 남매에 계승되었다. 로마 신화에 등장하는 로물루스 쌍둥이 형제도 '다산'과 '풍요'를 기원했던 인구어족의 신화적 모티프로 해석할 수 있다. 쌍둥이 미남 신에 관해서는 10장에서 상세히 살펴보기로 하자.

로마의 영광을 실현한 호라티우스

로마와 알바롱가의 분쟁은 로마가 건국이 된 이후에도 계속되었다. 구세대의 기득권층과 신흥 세력간의 충돌은 신화의 곳곳에서 발견되는 가장 흔한 이야기 중의 하나이다. 그리스 신화의 티탄족과 올림포스족의 전쟁도 이런 맥락에서 해석할 수 있다. 고대 로마 사회에서 구세대와 신세대의 분쟁을 잘 보여주는 이야기로는 호라티우스 시대의 이야기를 들 수 있다.

호라티우스 형제의 맹세 다비드는 로마 신화의 모티프를 즐겨 화폭에 옮겼다. 로마의 운명을 짊어진 호라티우스가 세 아들에게 검을 건네주고 있다. 뒤에서 한숨을 쉬고 있는 호라티우스의 아내와 딸들의 모습도 보인다.

> 로마의 3대왕 툴루스 호라티우스 시대에 로마와 알바롱가 사이에 분쟁이 일어났다. 양 진영에는 각기 나이와 실력이 비슷한 삼형제가 있었는데, 로마에는 호라티우스 형제, 알바롱가에는 쿠리아티우스 형제가 있었다. 양 진영은 이들 형제의 결투를 통해 승자를 가리자고 합의한다.
>
> 여섯 명의 형제는 서로 싸움을 시작하여 호라티우스 형제 중 두 명이 먼저 목숨을 잃는다. 하지만 마지막으로 남은 푸블리우스는 적들에 비해 상처를 거의 입지 않았다. 그는 세 명을 한꺼번에 대적하는 것이 불리하다고 판단하고 도망가며 한 사람씩 싸워 적을 물리쳤다. 푸블리우스의 승리로 이후 알바롱가는 로마의 지배에 들어갔다. 그런데 이렇게 싸움이 끝났으면 이야기를 읽는 사람들은 실망할지 모른다. 다행인지 불행인지 슬픈 이야기도 함께 전해온다.
>
> 로마에 개선한 푸불리우스를 맞이한 사람 중에는 누이동생도 있었다. 그런데 그녀는 알바롱가의 쿠리아티우스 삼형제 중 한 사람과 약혼을 한 사이였다. 결국 푸블리우스는 원수를 사랑했던 누이동생을 죽인다. 그 후 법을 존중하는 로마인은 푸불리우스가 아무리 영웅이라 할지라도 육친을 살해했기에 재판에 회부한다.
>
> 푸블리우스의 아버지 즉, 호라티우스는 아들이 그렇게 안했더라면 자신이 아버지의 권한으로 아들을 벌주었을 것이라고 호소한다. 표결 결과 푸블리우스는 석방되었다.

이상이 호라티우스 형제의 무용담이다. 나라를 위해 목숨까지 기꺼이 바치는 용감한 로마인들의 기개를 볼 수 있지 않는가? 이렇듯 로마 신화에서는 신화의 역할이 우주 창조의 설명에서 애국심을 고양하는 것으로 바뀌어 있다.

왼손잡이 스카이볼라

고대 로마인들의 애국 정신은 다른 설화에서도 잘 나타난다. 아직 에트루리아가 이탈리아 반도의 강국이었을 무렵 로마에는 매우 용감한 장수가 한 명 있었다. 그의 이름은 가이우스 무키우스. 그는 에트루리아 군대와 대치 중인 상태에서 단검 하나만 가진 채 적진에 몰래 들어간다. 에트루리아의 왕을 살해하는 것이 목적이었지만 도대체 왕이 누군지 알 수 없었다. 결국 그는 다른 사람을 죽이고 생포된다.

포로로 붙잡힌 무키우스의 용맹이 이 설화의 근간을 이룬다. 무키우스는 회유와 협박에도 아랑곳하지 않고 자신 같은 소인배가 육체를 어떻게 생각하는지 증명한다. 그는 자신의 오른손을 제단의 불길에 밀어 넣고 마치 고통에 무감각하기라도 하듯 그대로 서 있는다. 무키우스는 이렇게 해서 풀려난다. 그 후 무키우스에게는 '왼손잡이'라는 의미의 '스카이볼라'라는 이름이 붙여진다.

아니네이아스 로마인들의 그리스 사랑은 지나칠 정도였다. 오죽하면 건국의 시조를 그리스에서 모셔 왔을까? 트로이 몰락의 순간에 극적으로 탈출한 아이네이아스는 로마인들이 시조로 섬기기에 안성맞춤의 인물이었다. 게다가 아프로디테의 자식이니까 금상첨화였다. 트로이를 탈출한 아이네이아스는 카르타고의 디도 여왕과 사랑에 빠지지만 더 큰 명분을 위해 개인적인 사랑을 포기한다. 이에 격분한 디도 여왕은 원혼이 되고 만다. 위의 그림은 아이네이아스에게 갈 곳을 알려주는 아프로디테의 모습이다.

무키우스 설화는 애국심으로 뭉친 한 귀족 가문의 희생적인 사건을 통해 로마인들의 애국심을 고양하는 것으로 해석할 수 있다. 이렇듯 로마의 설화는 대부분 국가를 향한 애국심과 건국 설화 같은 것으로 이루어져 있다. 이 설화는 또한 일상 생활에서 불행한 징조로 여겨지는 '왼손잡이'에 대한 편견을 바로잡으려는 노력의 흔적으로도 볼 수 있다.

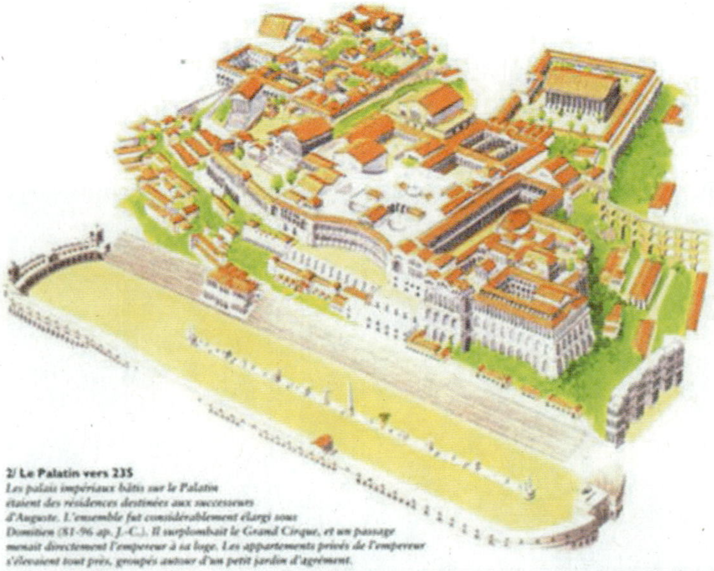

3세기의 팔라티노 언덕 풍수지리설은 서양에서도 통하는가 보다. 로물루스와 레무스 쌍둥이 형제는 로마를 건국하지만 곧바로 내분이 일어나 전쟁을 벌인다. 로물루스는 팔라티노 언덕에, 그리고 레무스는 맞은 편 아벤티누스 언덕에 진을 치고 공방전을 벌인다. 결과는 로물루스의 승리. 팔라티노 언덕은 그 후 로마의 지배자가 거처하는 공간으로 바뀐다. 수 세기가 지나고 로마가 제정으로 바뀌자 황궁이 팔라티노 언덕에 들어선다. 위의 그림은 3세기 경의 팔라티노 언덕 부근의 모습이다. 전차경기장의 모습도 보인다.

조금더 생각하기

로마의 벤치마킹

지중해의 반도에서 도시국가로 시작한 로마.
이미 이탈리아 반도를 선점한 에트루리아로부터 벗어나기 위해 나라의 힘을 하나로 모았습니다.
결국 로마는 에트루리아의 속박으로부터 벗어났고
그 뒤로는 지중해의 패권을 차기하기 위해 아프리카의 카르타고와 숙명의 전쟁을 벌입니다.
우리가 잘 아는 카르타고의 한니발이 등장하죠.

코 앞의 지중해를 건너지 않고 멀리 스페인으로 돌아 알프스를 넘어 로마까지 쳐들어 왔던 한니발.
로마의 운명은 그야말로 풍전등화의 위기를 맞이합니다.
그런데 역사는 로마의 편을 들어 주었습니다.
본국 카르타고가 공격을 받고 있었던 것이죠.
한니발을 본국으로 회군합니다.
그 뒤 패장의 수모을 견디지 못하고 자살을 택하지만. . .

카르타고가 지중해의 패권을 차지하기 위해 제압해야 할 대상이었다면
로마의 영원한 벤치마킹 국가로는 그리스가 있었습니다.
해마다 선진 문물을 받아들이기 위해 로마 원로원은 그리스로 대표단을 보냈죠. 그리스적인 것은 모두 배워야 할 것이었기 때문에.
갑자기 국력만 강성해진 나라가 문화적으로 앞선 그리스를 배운다는 것은 당연하지 않습니까?

로마인들은 그리스의 학문, 건축, 예술뿐만 아니라 그들의 신화까지 수입했습니다.
본문에서 설명한 것처럼 로마는 건국의 아버지까지 그리스로부터 수입하지 않았던가요?
트로이의 패장 아이네이아스를 기꺼이 로마 건국의 아버지로 수입한 것이죠. 이쯤 되면 로마인들의 그리스 사랑은 도가 지나쳐 보입니다.

신화는 한 민족의 국가관도 반영합니다.
예술과 철학을 중시하던 그리스인들에게 가장 완벽한 이상형의 신은 아폴론이라고 언급했습니다.
빼어난 외모와 냉철한 지성, 게다가 음악을 주관하는 신이야말로
그리스인들의 눈에는 이상형의 신이었죠.

그러나 일찍이 도시 국가로 출발한 로마의 국시는 부국강병이었습니다.
말하자면 군사력의 확대를 통해 주변 국가를 점령하여 로마화시키는 것이 로마의 국시였던 것이죠.
공화정에서 제정으로 바뀐 다음 이러한 정책은 더욱 더 강조됩니다.

로마인들은 수입한 그리스 신중에서 자신들의 문화와 가장 코드가 잘 맞는 신을 찾기 시작합니다.
그러던 중 제우스의 적자였지만 '망나니' 기질을 다분히 가진 아레스가 눈에 들어옵니다.
아테나도 전쟁의 신이었지만 여신이라는 것이 좀 걸렸나봅니다.

아레스의 로마 이름은 마르스 Mars입니다. 군신을 의미하죠.
군사대국 로마에게 가장 인기가 있는 신은 이렇게 만들어졌습니다.

로마의 시조 로물루스 형제도 군신 마르스의 자손이 아닌가요?
그래서 로마인들의 이름 중에는 '마르쿠스'란 이름이 제일 많았다고 합니다.

집안에서 사고만 저지르는 아들이 어느날 군대에 갔다와서 철이 드는 경우가 있습니다.
바로 로마가 수입한 아레스를 두고 하는 말이 아닐까요. . .

제 8장

북유럽 신화
: 게르만 신화

제 8장
북유럽 신화 : 게르만 신화

게르만족

게르만족을 말할 때 우리 머리 속에는 로마 제국을 멸망시킨 민족, 아리안족의 영광을 외쳤던 배타적인 민족, 또는 독일과 같은 나라가 떠오른다. 그렇다면 게르만족은 어디에서 왔으며 어떤 경로를 거쳐 유럽의 가장 중요한 민족으로 자리잡게 되었는가?

본래 게르만족의 원주지는 지금의 독일 지방이 아니라 훨씬 더 북쪽에 있었다. 바로 바이킹의 나라인 스칸디나비아 제국이 게르만족의 원주지(原住地)이다. 바이킹이란 말은 뱃사람(bay-man), 전사(fighting-man), 식민자(settling-man) 등의 의미를 지니고 있었는데, 그들의 뛰어난 항해술 덕분으로 당시 유럽에서 가장 진취적인 민족으로 통했다. 바이킹이 서기 8세기에서 11세기에 유럽의 주인공으로 등장하게 된 배경에는 그들의 가족 제도가 큰 작용을 하였다. 혹독한 날씨와 비좁은 영토는 부족간의 싸움의 원인이 되었으며, 특히 장자상속법은 바이킹들로 하여금 바다로 나올 수 밖에 없도록 만들었다.

그러나 북유럽의 게르만족이 중시하던 것은 토지나 재물이 아닌 명예였다. 그들은 명예만이 죽음을 넘어서는 통로라고 생각했다. 게다가 금욕주의적인 스토아 체념주의는 게르만족들에게 죽음은 어차피 피할 수 없는 운명으로 받아들이게 만들었다.

게르만 사회에는 가족내의 관계도 다른 민족과 구별되는 독특한 구석이 있었다. 특히 외삼촌은 자신의 외조카의 복리를 책임져야 했는데, 이러한 전통은 그들의 신화에 잘 드러난다. 게르만의 주신(主神) 오딘이 신주(神酒)를 되찾아올 수 있었던 것도 외삼촌으로부터 배운 아홉 개의 노래 덕분이었다.

바이킹들의 명예에 대한 생각은 다음과 같은 구절에 잘 나타나 있다.

> "소도 죽고 동족들도 죽고 나도 죽을테지만 내가 알고 있는, 결코 죽지 않는 유일한 것이 있다면 그것은 바로 우리가 죽은 뒤에도 남게 될 명성이다."

바이킹들은 죽음을 두려워하지 않았다. 고대 북유럽인들에게 기본적으로 내재했던 이러한 숙명론은 신화에 그대로 반영되어 있다. 주신 오딘은 자신의 아들 발데르가 죽을 운명이라는 사실과 그것을 피하기 위해 아무것도 할 수 없다는 사실을 알고 있었다. 그리고 '모든 힘의 파괴'인 라그나뢰크 자체도 절대로 피할 수 없는 사건이었다.

북유럽 신화의 개관

게르만 신화에서는 다른 신화에 비해 전쟁과 폭력을 모티프로 삼은 이야기가 많다. 신화라는 것이 그것을 만들어 낸 민족이 살아온 발자취를 그대로 보여 주는 것이라면 게르만 신화는 우리에게 무엇을 말하고 있을까?

본래 게르만족의 원주지(原住地)였던 스칸디나비아 반도의 기후와 자연 환경은 혹독했다. 게다가 척박한 토지, 인구의 증가 그리고 장자상속제로 인한 가족원간의 불화 등이 게르만 사회의 분쟁을 부추기는 요인들로 작용했다.

신화를 읽으면서 우리는 고대 북유럽인들의 정신과 자신감, 끝없는 호기심, 극단적인 용맹성, 배타적인 충성심, 관용과 극기심에 대하여 알 수 있다. 우리는 또한 그들이 거만하고 동정심이 부족했다는 것과, 악의 신 로키를 통해 알 수 있듯이 교활하고 냉혹하면서 동시에 잔인했다는 성향도 찾을 수 있다.

신화는 한 민족의 정신 세계를 이루며 수천 년 이상 전승되는 문화적 담론이다. 그런 점에서 게르만족의 신화는 서구 문명의 소프트웨어를 구성한다고 말할 수 있다. 게르만 신화에는 고대 북유럽인들이 생각하던 우주 및 그들이 살던 세계의 모습이 잘 드러나 있다. 비록 현대 서양인들이 기독교에 의해 교화되고 그리스 문명에 크게 영향을 받았지만, 그들의 정신세계에는 고대 북유럽인들의 정신세계가 전승되고 있다. 먼저 게르만 세계의 창조 신화부터 살펴보기로 하자.

세계의 창조

게르만의 창조 신화는 그들이 살던 추운 지방에서 시작된다. 신화는 본래 그 신화를 만들어낸 민족이 살던 지역과 밀접한 관련이 있기 마련이기 때문이다. 그런 관점에서 게르만의 창조 신화를 보자.

> "원래 '입을 벌린 공간'이라는 뜻을 가진 기눈가갑 Ginnungagap은 불의 제국과 냉기의 제국 사이에 위치한 공간이었다. 그런데 남쪽의 따뜻한 제국에서

불어온 바람이 냉기와 맞부딪치면서 기눈가갑의 얼음들이 녹기 시작했다. 그 결과 녹아내린 물방울로부터 서리 거인 이미르 Ymir와 태초의 암소 아우두물라 Audhumula가 생겨났다. 태초의 암소인 아우두물라는 얼음을 핥으면서 태초의 신이며 훗날 신들의 조부인 부리 Buri를 낳았다. 이 부리의 후손이 바로 오딘 Odin, 빌리 Wili, 베 We인데 이들은 이미르의 폭력 행위에 시달리다가 결국 이미르를 죽이고 인간이 사는 미드가르드 Midgard를 창조한다. 오딘은 거인 이미르의 살을 가지고 육지를, 그 뼈는 산맥 그리고 머리카락으로 나무를 만든다. 이미르의 피는 바다와 호수가 되었고 두개골은 하늘이 되었으며 이렇게 만들어진 세계의 네 귀퉁이는 네 명의 난장이가 떠받치게 하였다. 이 난쟁이들의 이름은 노르디 Nordi, 수드리 Sudri, 아우스트리 Austri, 베스트리 Westri 라고 불리웠다."

게르만 신화의 창조 신화는 거인 이미르의 살인에서 시작된다. 세계의 창조가 살인의 모티프에서 시작되는 것이다. 이미르의 살과 피를 통해 인간이 사는 미드가르드를 창조한 오딘 삼형제는 미드가르드를 걷다가 우연히 나무 두 그루를 발견한다. 하나는 물푸레나무였고 다른 하나는 느릅나무였는데 신들은 물푸레나무로 남자를, 그리고 느릅나무로 여자를 만들었다. 남자의 이름은 '아스케' 여자는 '엠블라'라고 이름을 지어주었다.

게르만족의 풍속을 기록한 로마의 역사서를 읽어 보면 게르만족들은 대부분 울창한 숲에서 살았다고 적고 있다. 그런 까닭에 게르만족에게 숲과 나무는 영적인 존재로 여겨졌으며, 최초의 인간이 나무에서 태어났다는 것은 게르만 신화의 독특한 특징이라고 말할 수 있다.

우주의 중심, 이그드라실

게르만 신화에서 우주의 중심에는 이그드라실이라 불리는 나무 한 그루가 서 있다. 나무가 우주의 중심이라는 생각은 역시 게르만 신화에서 나무가 차지하는 특별한 상징성에 기인한다.

우주수 이그드라실은 온 시대를 통해 가장 우람하고 화려한 나무로 표현되어 있다. 그 나뭇가지는 아홉 개의 세계 위에 드리워져 있고 나무는 하늘 위로 치솟아 있다. 이 나무는 또 세 개의 우람한 뿌리를 가지고 있는데 한 뿌리는 거인들의 세계이며 미미르의 샘이 자리잡고 있는 요툰하임 Jotunheim으로, 또 하나의 뿌리는 흐베르겔미르 Hvergelmir 샘 근처에 있는 니플하임 Niflheim으로 뻗어내려 있다. 니플하임의 뿌리는 사악한 용 니드회그르 Nidhoggr가 씹을 시체가 없을 때 갉아 먹는다. 세 번째 뿌리는 우르드 Urd 샘 밑에 자리잡은 신들의 거처 아스가르드 Asgard에 미치고 있다.

아우두물라 게르만 신화에 등장하는 태초의 암소 아우두물라. 암소가 생명의 근원이라는 생각은 농경과 목축 사회의 단면을 보여 주는 상징이다. 그리스 신화에서도 여동생 에우로파를 찾아 나섰던 카드모스는 소가 나타난 곳에 테베를 세웠다. 이렇듯 인구어족의 신화에서 암소는 생명의 근원으로 등장한다.

요툰하임에 있는 미미르의 샘은 본래 에시르 신족이 화평을 위해 바니르 신족에게 파견한 지혜의 신 미미르에서 유래했는데, 미미르는 바니르 신족들의 오해 때문에 목이 잘리고 만다. 주신(主神) 오딘은 이 신의 목을 이그드라실 나무 뿌리 밑에 파묻어 지혜의 샘을 지키도록 한다. 이그드라실이 가지를 뻗은 세계를 정리하면 다음과 같다.

제 1층 ① 아스가르드(오딘 등 에시르 신족의 나라)
② 바나하임(프레이르, 프레이야 등 바니르 신족의 나라)
③ 아르브하임(하얀 빛의 요정이 사는 나라)

제 2층 ① 미드가르드(초록의 인간계)
② 요툰하임(빙설의 거인국)
③ 스바르탈프하임(사악한 검은 요정의 나라)

제 3층 ① 헬(명계)
② 니플하임(북쪽 끝 안개의 나라)
③ 무스펠하임(남쪽 끝 불꽃의 나라)

게르만족들이 생각했던 세계는 셋으로 구분되어 있는데 하늘, 땅, 저승의 세계로 생각했던 고대인들의 정신세계를 벗어나지 않는다. 그들은 신들과 인간의 계급을 셋으로 구분했던 것처럼 공간 세계도 셋으로 나누었다

이그드라실의 가지가 뻗어 있는 가장 높은 수평면에는 에시르 신들 혹은 전사 신들의 영역인 아스가르드 Asgard가 있다. 아스가르드에는 신들과 여신들의 궁전이 각각 있다. 그리고 아스가르드에는 모든 에인헤르자르 Einherjar들이 거주하고 있는 거대한 궁전이 있는데 이 궁전을 '발할'이라고 불렀다. 에인헤르자르란 죽은 전사들의 영혼을 말하는데, 그들은 낮에는 전투를 벌이고 밤에는 여흥을 즐기며 신들, 인

간들, 거인들, 괴물들 사이에 펼쳐지는 최후의 결전 라그나뢰크를 발할에서 기다린다. 미드가르드는 인간의 세계이고 니플하임은 죽은자들의 세계인데 이곳에서는 영원히 밤만 지속된다.

게르만 신화의 신들

이미 앞 장에서 소개한 것처럼 프랑스의 비교신화학자 뒤메질은 인구어족의 신화를 셋으로 구분했다. 그의 구분에 따르면 제 1기능의 체계에 속하는 신들은 마술로써 우주의 왕으로 군림하는데 게르만족의 신화에서는 주신(主神) 오딘이 여기에 속한다. 두 번째 계층인 제 2기능 체계에 속하는 신들은 바람, 비, 천둥 등의 자연 현상을 일으켜 악마적 현상과 싸우는데 천둥과 번개를 일으키는 오딘의 아들 토르가 여기에 속한다. 그리고 마지막 계층에는 지상의 풍요와 생식 및 그 조건인 평화, 건강, 미(美) 등을 관장하는 신들인데, 게르만 신화에서는 미남·미녀의 쌍둥이 남매인 프레이르와 프레이야가 그 주인공이다. 이제 게르만 신화의 주요 신들에 대해 살펴보자.

우주수(宇宙樹) 이그드라실 게르만족에게 나무와 숲은 생명 창조의 모태이자 삶의 공간이었다. 실제로 로마인들은 도시를 건설하여 그 곳에서 살았지만 게르만족은 대부분 숲 속에서 살았다. 신화는 한 민족이 살아온 환경에서 만들어진다. 게르만 민족은 우주의 중심에 이그드라실이라는 나무가 서 있고, 세계는 아홉 개로 나뉘어져 있다고 믿었다.

오딘

오딘은 모든 신의 아버지로 불리운다. 이 말은 그가 모든 신들의 아버지이며 자신이 두 형제-부리와 베-와 함께 최초의 여자를 창조했을 뿐 아니라, 그가 신들 중에서 최고신이라는 것을 의미한다. 오딘은 전쟁의 신이다. 그렇다면 왜 게르만족들은 전쟁의 신을 주신으로 삼았을까?

게르만의 주신 오딘 대부분의 신화에서 주신(主神)의 모습은 근엄하면서 멋있고 그리고 잘생긴 외모를 하고 있다. 그러나 게르만 신화의 주인공인 오딘은 지혜를 얻기 위해 자신의 한 쪽 눈을 버렸고, 항상 두 마리의 까마귀가 그의 주변을 맴돌고 있다. 이쯤되면 공포 영화에 등장하는 '악의 화신'이라고 부를만 하다. 서양인들의 정신세계에 군림하고 있는 주인공의 모습이다.

기원전부터 게르만족이 지배하는 유럽은 가족간 또는 부족간의 분쟁이 끊이지 않았다. 문화는 모름지기 그 집단이 필요로 하는 신을 찾게 마련이므로 북유럽인들도 자신들의 폭력을 정당화시켜 줄 신이 필요했을 것이다. 이런 이유에서 오딘이 초기 게르만의 전쟁 신인 보단 Wodan과 티와즈 Tiwaz의 성격을 그대로 이어받아 전쟁의 신으로 자리매김한 것으로 보인다. 오딘은 전쟁의 신일 뿐만 아니라 시(詩)의 신이기도 하다. 또한 그는 선지자로 활약한다. 그는 자신의 영혼을 멀리 내보내거나 다리가 여덟 개인 자신의 준마 슬레입니르 Sleipnir를 타고 달리기도 하고, 다른 형상으로 변신하기도 하여 세상을 돌아다니며 여행한다. 이밖에도 오딘은 주술사처럼 죽은 자들로부터 지혜를 얻어낼 수도 있었다.

오딘은 용모가 무섭다. 그는 애꾸눈이며 자신의 신분이 금세 노출되는 것을 피하려고 챙이 넓은 모자를 쓰고 다닌다. 그리고 항상 푸른색 외투를 걸치고 마법의 창 궁니르 Gungnir를 가지고 다닌다. 그의 어깨에는 두 마리의 까마귀 후긴(Huginn : 생각)과 무닌(Muninn : 기억)이 앉아 있다. 그리고 자신의 궁전인 발라스칼프 Valaskalf에 있는 용상 흐리드스칼프 Hlidskjalf로부터 아홉 세상에서 벌어지는 모든 일을 다 내려다볼 수 있다.

오딘은 또한 지혜의 신이다. 그는 지혜의 샘 미미르에서 자신의 한쪽 눈을 바치고 지혜를 얻기도 했다. 그래서 그는 애꾸눈이다. 오딘의 지혜 중에는 다음과 같은 것들이 있다.

1) '분별'이야 말로 최고의 재산이다. 고주망태가 되도록 맥주를 마시거나, 연회석에서 음식을 잔뜩 먹거나, 자만에 찬 이야 기를 해서는 안된다.

2) 인색함은 나쁜 것이다.

3) 자신을 잘 대해주는 사람은 모두 친구라고 생각하는 이는 착한 것을 넘

어서는 바보이다. 입으로는 그럴듯한 이야기를 하지만 마음 속으로는 기만하기 마련이다. 속임수에는 속임수로 대응해야 한다.

4) 죽으면 모든 것이 끝이다. 설사 손이 없어도, 눈이 보이지 않아도 살아 있기만 하면 움직일 수 있다.

5) 여자에게는 듣기에 달콤한 말을 하고 선물을 자주 해라. 단 그 여인과 불륜 관계를 맺어서는 안된다.

토르

오딘과 대지의 여신 프뢰르긴 사이에 태어난 토르는 이름 자체가 '천둥'을 의미한다. 영어에서 목요일을 의미하는 'Thursday'가 바로 천둥신 토르의 날이다. 프랑스를 비롯한 라틴문화권에 목요일을 '제우스의 날'이라고 부르는 것과 같은 이치이다. 다른 신화처럼 천상의 으뜸신 오딘과 대지의 여신이 만난다는 이야기는 대부분의 농경 사회에서 찾아볼 수 있는 신화적 모티프이다.

이렇게 태어난 토르는 오딘과 함께 적대자인 거인과 싸우는 신으로 묘사된다. 그는 묄니르 Mjoellnir라는 망치를 가지고 다니며 천둥을 만들어 내는데, 혹자는 토르의 망치를 농부가 사용하는 농기구의 상징이라고 설명하기도 한다. 그 배경에는 다음과 같은 설명이 가능하다. 즉, 오딘이 왕, 전사, 시인 등 귀족들이 옹호하는 신인데 반하여, 토르는 인구의 대다수를 차지하는 농민들이 숭배하는 신이였기 때문이라는 것이다.

토르의 형상은 그 적대자인 거인들과 닮아 있다. 수염이 많고 체구가 장대하며 먹는 양도 엄청난데, 한번에 큰 암소 한 마리를 먹는다고 한다. 염소 두 마리가 끄는 수레를 타고 천공을 누비는 토르는 눈에서는 불을 뿜고, 머리카락은 세찬 불길이며, 손에는 철갑(鐵甲) 장갑을

끼고 있다.

토르신은 게르만 신들 중에서 가장 용맹한 신으로 다른 신들을 악으로부터 보호한다. 그리고 신들의 멸망 예정일인 라그나뢰크가 도래할 때 바다뱀 요르문간트-악의 신 로키의 자식-를 죽이지만 그 뱀 때문에 죽음을 맞는다. 그가 사용하는 마법의 망치는 창조와 파괴의 힘을 상징하며, 동시에 결실, 개신, 행운의 상징이기도 하다. 토르의 망치는 이후 북부 유럽이 기독교로 개종하면서 십자가 표시와 융합이 되어 사용되었다.

오딘에 이어 신들의 서열이 두 번째인 토르는 게르만 신중에서 가장 사랑받고 존경받는 신이었다. 오딘이 폭력과 전쟁을 나타내는데 비해, 토르는 질서를 나타낸다. 토르는 자신의 쇠망치 묄니르로 거인들이 자신들의 영토에 머무르도록 억제하는 역할도 하였다.

사냥에 나선 오딘 전쟁의 신이자 지혜의 신, 그리고 시(詩)를 관장하는 신 오딘. 전쟁를 주관하는 신이 주신(主神)이라는 것은 그 민족에게 전쟁이 어떤 의미였는지 알 수 있는 부분이다. 게르만 신화가 지닌 음침한 분위기를 잘 보여 주는 그림이다.

로키

신화를 집단적 무의식의 발현으로 간주한 융에 의하면 신화 속에 등장하는 주인공의 유형중에는 '영리한 꾀쟁이'가 있는데 게르만 신화 속의 그 주인공은 바로 악의 신 로키이다. 본래 로키는 불의 신이었다. 로키는 얼음 거인 파르바우티와 라우페이 사이에서 태어났는데 신들 사이에서 온갖 불화를 일으킨다. 그러자 아스그라드의 신들은 로키를 동굴 속에 유폐시키지만 로키는 자신의 자식들인 늑대 펜리르, 큰뱀 요르문간트, 그리고 명계의 신 헬을 불러내어 신들의 종말을 재촉한다. 로키는 신들의 파멸을 불어오는 최후의 전쟁 라그나뢰크를 불러 오는 장본인이기도 하다.

그러나 로키의 존재는 신화의 역동성을 보여준다. 오딘과는 의형제간인 로키는 신들과 거인들 사이의 애매하고 불확실한 관계를 나타내고 있다. 자극적이고 불안정하며 여러 가지 결점을 지닌 로키라는 인물이 없었다면 고정된 질서 체계 속에 변화도 없었거니와 급작스런 흥분도, 또한 라그나뢰크도 없었을 것이다.

로키의 외모는 준수한 편이지만 성격은 매우 사악하고 변덕스럽다. 그는 교활한 꾀로 사람들을 조롱하며 항상 사람들을 속인다. 그는 끊임없이 에시르 신들을 커다란 위험에 빠뜨리지만 자신의 교활함으로 신들을 위험에서 빠져 나오도록 도와 주는 이중적 존재이다.

신화에는 이렇듯 악이 상존한다. 그리스 신화에서 신들조차 트로이전쟁이 10년 동안 계속될 것이라는 사실을 모르고 있었듯이, 신들도 악이 공존하는 우주의 섭리를 받아들일 수 밖에 없다. 게르만 신화에서도 악의 신 로키에 의해 신들은 종말을 맞이하지만 신화는 다시 시작된다. 오딘을 비롯한 주요 신들의 2세들이 새로운 세계의 주인으로 등장하기 때문이다. 물론 악의 신 로키의 2세도 새로운 세계에 합류한다.

토르 묄니르 망치로 바다뱀 요르문간트를 내려치는 토르의 모습이다. 오딘이 게르만 귀족에게 인기가 있는 신이었다면, 토르는 인구의 대부분을 차지하고 있던 농민들 사이에서 인기가 있는 신이었다. 그의 상징인 망치도 농기구의 일종으로 볼 수 있다.

신들의 종말, 발데르의 죽음

오딘신과 프릭 여신 사이에는 발데르 Balder라는 아들이 하나 있었다. 그는 상냥하고 친절했으며 게다가 미남이었다. 신화에서 '선'은 '악'과 대립한다. 발데르가 선을 상징하는 신이라면 악은 로키로 대변된다. 선의 상징 발데르는 로키의 간교에 의해 죽음을 맞는다. 그러나 그의 죽음은 선과 악이 교차하는 우주의 순환이라는 차원에서 본다면 필연적인 것이기도 했다.

발데르는 로키의 간교에 의해 겨우살이 나무에 찔려 죽고 만다. 그러자 발데르의 어머니인 프릭 여신은 저승의 신 헬에게 아들을 환생시켜 달라고 간청한다. 헬 여신은 모든 이들이 발데르의 죽음을 슬퍼한다면 그를 환생시켜 주겠다고 약속한다. 프릭 여신은 모든 신들로부터 발데르의 죽음을 슬퍼한다는 맹세를 받아낸다. 그러나 한 사람, 거인족 여인 토크만은 발데르를 위해 울기를 거부한다. 결국 발데르는 다시 살아오지 못한다.

그런데 토크는 로키가 변장한 거신족의 여인이었다. 결국 로키는 신들에게 잡혀 그들에게 저주를 퍼붓고 족쇄에 묶인다. 그러나 악의 힘을 오랫동안 억압할 수는 없었다. 결국 세상의 종말인 라그나뢰크는 이렇게 다가오고 있었다.

오딘은 미래를 읽는 방법을 이미 배웠다. 그래서 라그나뢰크에 모든 신들과 거인들, 그리고 인간들과 난쟁이 등 모든 생명체가 전쟁을 벌여 결국엔 멸망하게 될 운명이라는 것을 알고 있었다. 오딘 자신도 신들의 종말을 막을 수는 없었던 것이다.

그러나 숙명적인 최후의 순간에 한 줄기 빛이 비쳐든다. 오딘은 라그나뢰크 이후에 시간과 생명의 새로운 순환이 시작될 것이라는 것도 알고 있었던 것이다. 몇몇 신들과 두 인간이 살아남아 세상에 새로운 후손들을 퍼뜨리기 위해 각각 아스가르드와 미드가르드로 돌아온다. 종말은 그렇게 새로운 시작을 잉태하고 있던 것이다.

라그나뢰크

라그나뢰크는 이미 예정된 신들의 멸망이며 게르만 신화의 정점이다. 본래 게르만 신화에서 세계의 창조와 피조물의 탄생은 자연의 힘인 불과 얼음으로부터 생겨난 것이기 때문에, 이들은 처음부터 멸망의 싹을 키워오고 있었다. 태초에 만들어진 세계는 내적으로 덧없는 것인 까닭에 항상 파멸의 공포에 시달리고 있었고, 애당초 처음부터 불완전한 것이었다.

라그나뢰크 신들의 종말인 라그나뢰크가 도래하자 발할에서 전쟁을 기다리던 에인헤르자르들이 출병하고 있다.

사실 라그나뢰크가 도래하기 전에 이미 수많은 파국의 전조가 나타난다. 악의 화신 로키가 괴물 자식 세 명을 낳고, 결국 신들도 이 괴물들에 대해서 무기력해지는데, 이는 신들도 다가올 종말에 대해 어찌할 수 없음을 의미한다. 종말의 전조는 악의 신 로키가 선과 미의 화신이자 오딘의 아들 발데르를 죽음으로 몰아가는 것에서 시작된다. 여기에 에시르 신족이 사는 아스가르드의 밖에서는 얼음 거인들의 증오가 날로 치솟아 악의 힘들이 절정에 다다랐음을 보여 주고 있다.

대부분의 신화에서 세계의 종말은 공통적인 모티프이지만 게르만 신화에서는 다른 신화에 비해 훨씬 그 내용이 과격하고 급진적이다. 심지어 신들의 종말도 함께 도래한다는 사실은 게르만 신화의 과격한 면을 잘 보여 준다. 그러나 세계의 종말은 또 다른 시작을 알리는

별하늘 밑의 발할 라그나뢰크가 오길 기다리는 에인헤르자르가 거처하는 발할. 라그나뢰크가 도래하면 발할의 540개의 문에서 각각 800명의 에인헤르자르가 나와 최후의 일전을 치르기 위해 나선다.

전주곡에 불과하다. 소수의 생명체가 훨씬 더 희망적인 미래 속에 살아남고, 새로운 땅이 불과 물에 의해 정화된 후 신선하고 푸른 모습으로 바다에서 떠오르는 것으로 신화는 결말을 맺는다. 그러므로 라그나뢰크는 신화 전체에 어두운 그림자를 드리우고 있기는 하지만, 또 한편으로는 신들과 영웅들의 용맹을 보여 주며 새로운 창조로 가는 필연적인 국면인 것이다.

종말은 이렇게 시작된다. 우선 다른 곳보다 인간의 세계인 미드가르드가 제일 먼저 삼년 동안 전쟁에 유린당할 것이라고 신화는 말하고 있다. 아버지가 아들을 죽이고 형제들끼리 살육을 저지르고, 여인들은 남편을 버리고 아들들을 유혹하게 될 것이고, 남자들은 친누이들과 근친상간을 저지르게 될 것이라고 종말의 시작을 예고하고 있다.

악의 신 로키 신들의 세계에서도 악의 존재는 필연적인 것 같다. 신화가 인간 세상을 바탕으로 만들어졌다는 주장이 더욱 설득력을 얻는 부분이다. 주신 오딘의 아들 발데르는 눈에 넣어도 아프지 않는 잘생긴 미남이었다. 그런데 악의 신 로키는 그런 발데르가 미워 겨우살이 나무에 찔려 죽게 만든다. 그 벌로 로키는 형벌을 받지만 자신이 낳은 괴물들을 불러내어 신들의 종말인 라그나뢰크를 불러온다.

로키는 세 명의 자식들-늑대 펜리르와 큰뱀 요르문간트 그리고 명부의 신 헬-을 앞세워 신들의 거처인 아스가르드를 향해 쳐들어 온다. 아스가르드의 발할에 있는 모든 에시르 신들과 에인헤르자드들은 무장을 하고 발할 궁전의 540개의 문을 통해 각각 800명의 전사들이 나올 것이라고 전쟁의 서곡을 알리고 있다.

최후의 전쟁이 시작되면 늘 신들과 적대 관계에 있던 빙설의 거인족들이 사자(死者)의 손톱으로 만든 나글파르-'손톱배'란 뜻이다-로 공격을 해 온다. 이 배들을 조종하는 장본인은 바로 로키였다.

전쟁은 신들에게 치명적이었다. 주신 오딘은 로키의 자식 늑대 펜리르에게 먹히고, 천둥의 신 토르는 큰 뱀 요르문간트의 독에 쓰러지며, 풍요의 신 프레이르는 불꽃의 거인 수르투르의 공격을 받고 쓰러진다. 또한 군신이며 사법의 신 티르는 가름이라는 지옥의 개와 싸우다 쓰러진다. 결국 세계는 수르투르가 내뿜은 화염에 휩싸여 붕괴되고 만다.

그러나 세계의 종말은 또 다른 탄생을 잉태하고 있었다. 바다에 다시 초록의 대지가 솟아나고 새로운 신들의 후계자들이 그 주인으로 등장한다. 오딘의 아들 비다르와 토르의 아들 모디와 마그니 역시 빛나는 평원 이다볼에서 다시 만나게 된다. 마지막으로 로키의 아들 빌리도 여기에 동참한다. 악은 상존하는 것이기에.

조금더 생각하기

역사는 돌고 돈다

우리의 신화 여행의 종착역은 게르만 신화입니다.
게르만족이 누구입니까?
로마 제국의 위정자들이 주적 1호로 지명한 바로 그 야만족입니다.

언제 감았는지 모르는 머리,
몸에서 나는 마늘 냄새,
온 몸은 털북숭이, 그리고 성격마저 포악합니다.
게다가 덩치는 얼마나 큽니까?
라틴족인 로마인보다 머리 하나는 더 있는 민족입니다.
로마인들이 신체적으로는 도저히 제압할 수 없는 민족이었습니다.

세계사 시간에서 배웠듯이 로마 제국은 결국 주적 1호인 게르만족에 의해 멸망하고 맙니다.
물론 그 뒤로도 동로마제국이 천년을 더 버티긴 하지요.
하지만 서유럽의 헤게모니는 로마에서 게르만의 세계로 넘어갑니다.
문제는 새롭게 정권을 쟁취한 무리들이 문화적으로 열등한 야만족이었다는 것입니다.

형제간이건 부족간이건 툭하면 싸움질을 잘해
전투가 생활화된 민족이 바로 게르만족이었죠.

이번 강의에서 공부한 것처럼 게르만 신화는 매우 폭력적이고 신화의 진행 속도도 빠릅니다.
그리고 세계의 종말인 라그나뢰크가 도래하여 새로운 세계의 재탄생을 예고합니다.

자, 그렇다면 현재 우리가 살고 있는 세계로 돌아와 봅시다.
우리는 평등한 나라에 살고 있다고 믿고
국제 관계에서도 국가간의 관계가 평등하다고 믿고 싶지만 현실은 그렇지 않습니다.
지금 세계의 패권은 미국에 있고 인종적으로 보면 게르만족의 후손들입니다.
다시 말해 로마가 수천 킬로의 방책을 치고 국경 경비를 철통같이 하며 야만족의 침입을 막았지만 지금의 세계는 그 야만족의 후손들이 지배를 하고 있습니다.

여러분, 신화는 수천년 이상의 이야기들이고
그 속에는 한 민족의 모든 것이 녹아 있다고 말했습니다.
그렇다면 지금 게르만족의 후손들인 서유럽인들의 정신 세계에는 과거 그들 조상들의 사고방식이나 기질이 남아 있지는 않을까요?

결론부터 말하면 당연히 있습니다.
한 가지 예를 들죠.
우리는 내가 부당하게 남에게 피해를 입었을 경우,
그 잘못이 명백히 상대방에 있음에도 불구하고
본인이 부덕해서 당한 것으로 스스로를 위로하기도 합니다.

하지만 서양인들은 다릅니다.
부시가 9.11 테러를 당한 다음 취한 조치는 똑같은 보복이었습니다.
그 뿌리는 어디일까요?

게르만족의 관습법에는 자신이 신체적인 피해를 입었을 때 스스로가 나서거나 가족이 나서서 복수를 하는 것이 불문율로 여겨졌습니다.
그 전통은 지금도 유효합니다.

그리스에서 시작한 서양 문명의 순환은 로마를 거쳐 게르만족으로 그 바톤이 넘어가 있습니다.
우리가 서양인들을 이해하기 위해서는 그들의 문화를 배우고 말을 배워야 하겠지만 수천년간 내려오는 무형의 정신 상태,
즉 그들의 신화를 모른다면 껍데기만 배우고 말 것입니다.

제 9장

비교신화학
: 인구어족 신화

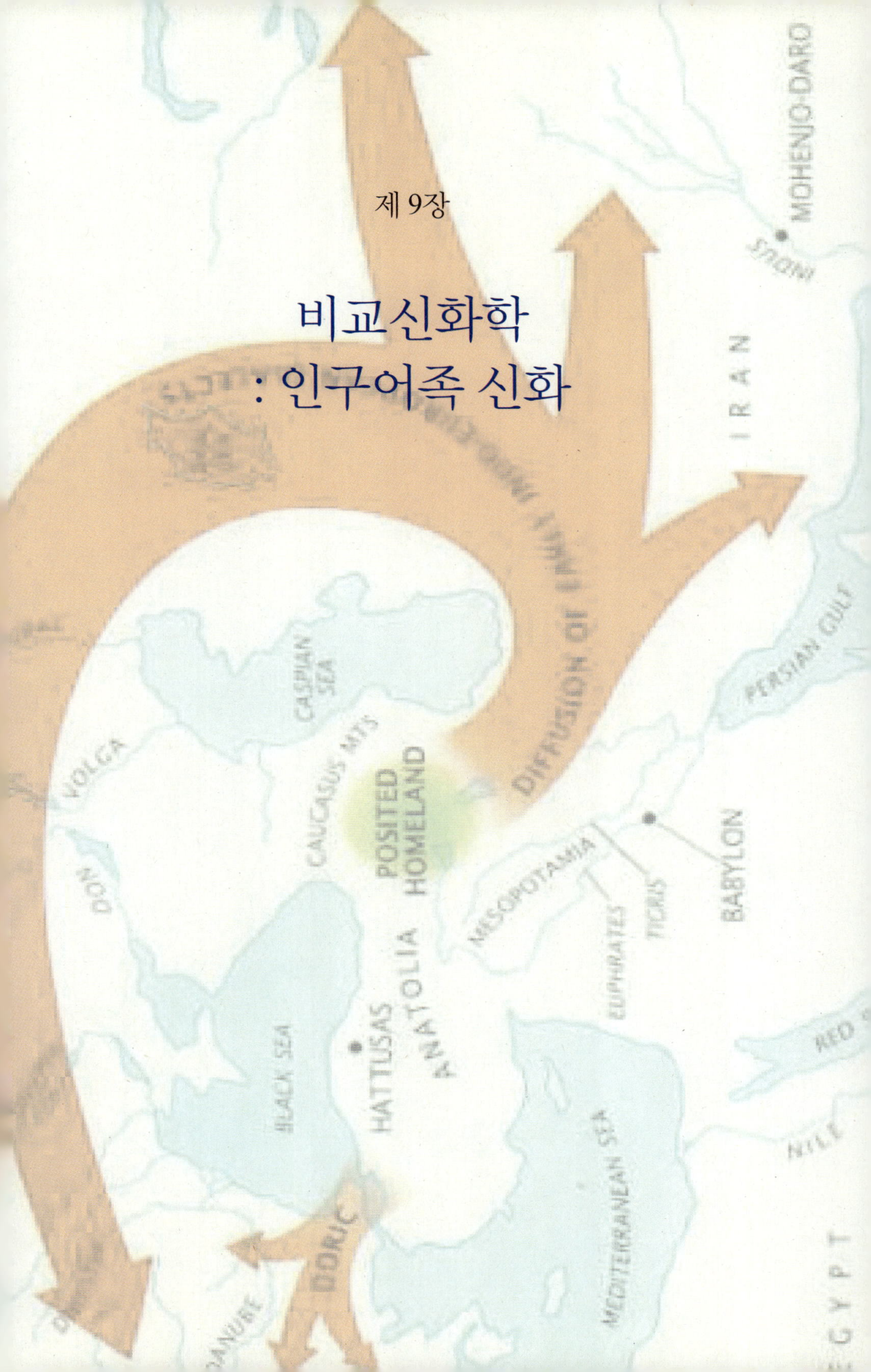

제 9장

비교신화학 : 인구어족 신화

인구어족

인구어족이란 용어는 18세기 캘커다 대법원 판사였던 영국의 윌리엄 존스가 인도의 고어인 산스크리트어와 유럽제어가 같은 조상에서 파생된 언어라는 가설에서 처음으로 제기되었다. 이후 언어간의 친족성 연구는 근대 언어학의 탄생에 근간을 형성하게 된다.

인구어족은 인도에서 아프가니스탄과 이란을 거쳐 유럽에 분포한 언어들을 대부분 포함한다. 언어의 친족성을 연구하는 학자들의 연구에 따르면 인구어족의 원주지는 인도의 북서부 지방과 코카서스 평원 사이라고 한다. 이들 원주민들을 인종학적으로는 아리아인이라고 부르는데 2차 세계 대전 때 히틀러가 사용했던 게르만족의 조상들과 동일한 학명이다.

인구어족의 언어적 친족성은 19세기에 활발히 연구되었다. 본래 신화는 언어로 구전되기 때문에 같은 언어-언어학적 명칭으로는 공통 조어라고 부른다-를 사용했다는 사실은 공통된 문화를 가지고 있다는 말이다. 프랑스의 비교신화학자인 뒤메질 Dumézil(1898년

~1986년)은 인구어족의 다양한 신화 연구를 통해 공통 분모를 찾아낸 학자이다. 그리스 신화에서 간단히 소개한 뒤메질의 학설을 인구어족의 다른 신화들을 비교하며 조금 더 상세히 살펴보기로 하자.

연결의 고리

인구어족의 공통조어가 발견되자 비교문법학자들과 역사언어학자들은 인구제어의 친족성을 규명하기 위해 많은 노력을 기울인다. 비교신화학자인 뒤메질도 인구어족의 신화에서 연결 고리를 언어에서 찾았다. 뒤메질 이전에도 자연신화학자들은 인구어족의 신화에 등장하는 신들의 이름에서 유사성을 찾았다. 예를 들어 하늘을 뜻하는 산스크리트어의 디아우스 Dyaus, 그리스의 제우스 Zeus, 라틴어의 조비스 Zovis, 고대 독일어의 지오 Zio 등이 같은 뿌리에서 파생된 이름이라는 것이다. 또 다른 예로는 인도 신화의 아그니 Agni, 라틴어의 이그니스 Ignis, 리투아니아어의 우그니 Ugni, 고대 슬라브어의 오그니 Ogni 등의 이름이 비슷한 발음을 가지고 있는데, 이들 신의 이름은 모두 불을 의미한다.[16] 불을 의미하는 신의 이름은 본래 불이라는 자연현상에서 기원했다는 것이 학자들의 공통된 견해이다. 그러다가 불의 의미가 신으로 전이되어 신의 이름이 되었다는 설명이다.

뒤메질은 이미 비교신화학자들이 주목한 네 가지 문제, 즉 암브로시아-암리타(Ambroisia-Amrita), 켄타우로스-간다르바(Centaure-Gandharva), 우라노스-바루나(Uranos-Varuna), 플라멘-브라흐만(Flammen-Brahman)의 문제에 주목했다.[17] 암브로시아는 그리스 신

16 김현자, 「뒤메질, 인도-유럽 신화와 3기능 이데올로기」, 『종교학연구』 제19집, 2000년.
17 같은 글 인용.

화에서 신들의 음식을 말하며, 암리타는 인도 신화에 나오는 신들의 음식을 말한다. 인도 신화의 간다르바 역시 그리스 신화에 등장하는 반인반수 괴물 켄타우로스와 같은 형상을 하고 있다. 플라멘은 고대 로마의 사제 계급을 가리키는데 인도 신화의 브라흐만과 동일한 범주를 형성하고 있다.

언어학적인 면에서 본다면 인도 신화의 신들과 유럽제어의 신들은 분명히 유사성을 보이고 있다. 그러나 이러한 언어적인 유사성만으로 신화의 본질적인 유사성을 설명하기에는 부족하다. 보다 체계적인 신화의 분석, 예를 들어 신화의 골격을 이루는 구조의 분석 등이 필요했으며, 그 필요성에 학문적인 성과를 가져온 학자가 바로 뒤메질이다.

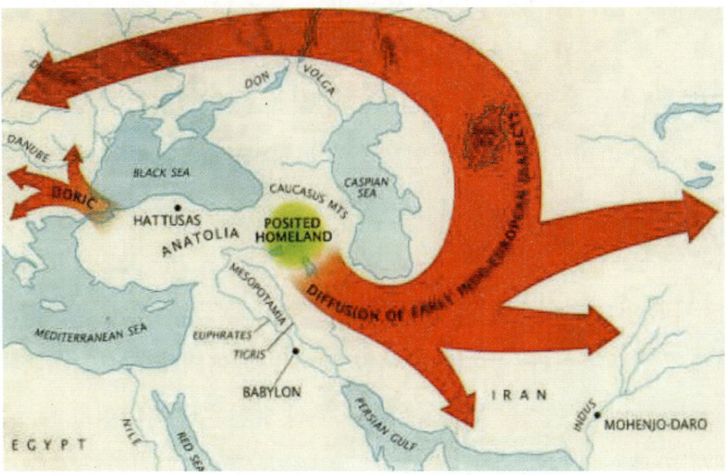

인구어족의 확산 인도의 북서부 지방인 코사서스 고원에 거주하던 인구어족은 기원전 3,000년 경 서쪽으로 이동하기 시작한다. 이란과 터키를 지나 그리스에 도착한 인구어족은 유럽으로 진출하고 일부는 인도로 남하한다. 오늘날 서양인들의 살고 있는 대부분의 나라들이다. 공통의 언어를 사용했다는 사실은 공통의 신화를 공유했다는 가설로 이어진다. 왜냐하면 신화는 언어를 통해 전승되고 기억되기 때문이다. 그런 점에서 인구어족의 신화 속에는 공통점이 존재한다. 그리스 신화의 주신 'Zeus'를 인구어의 어원으로 풀이하면 '신'이라는 뜻이다.

3기능 구조의 신화

뒤메질이 인구어족의 신화 체계에서 처음으로 관심을 가졌던 분야는 로마 신화의 신들, 즉 쥬피터, 마르스 그리고 퀴리누스였다. 쥬피터는 마술을 부리는 사제 계급을, 마르스는 전쟁의 무사들 그리고 퀴리누스는 생산 계층을 대표하는 신들을 의미한다. 그렇다면 고대 인구어족의 사회는 사제, 전사, 생산자로 3등분되었고, 각 계층이 섬기는 신이 각각 존재했다고 가정할 수 있다. 사실 이러한 계층 구분과 신들의 대응은 다른 인구어족 사회에서도 자주 발견된다. 그리고 특이할 만한 사실은 사회 구조가 3기능 체제가 아닌 사회에서도 신화는 동일한 모습으로 나타난다는 것이다. 다시 말해 대개 신화에는 선험적 실체가 반영되지만 경험하지 않았던 것도 나타날 수 있다는 말이다.

인구어족은 3기능 구조의 신화는 인구어족이 셋으로 구분된 사회적 기능에 따라 사회를 만들었음을 의미하며 그 대표적인 예는 인도에서 찾을 수 있다. 사제 계급인 브라흐만, 무사 계급인 크샤트라 그리고 생산 계급인 바이샤와 수드라가 대표적인 3기능 사회의 전형이다. 이러한 사회의 구분은 인구어족 신화에 등장하는 신들의 3기능 체제에서 비롯된다. 앞에서 예시한 로마신들 이외에도 북구의 신들에서도 동일한 구조를 찾을 수 있다. 주신 오딘은 주피터이고 토르는 군신 마르스에 해당하고 프레이르는 퀴리누스와 일치한다. 그리고 앞의 두 신(오딘과 토르)은 에시르신족에 속하고 프레이르는 바니르신족에 속한다.

3기능 구조를 구체적으로 정리하면 다음과 같다.[18]

3기능구조
- 주술적이고 법률적인 지배권 또는 성(聖)의 관리
- 물리적인, 특히 무사의 힘 또는 방어
- 편안하고 비옥한 풍요 또는 부

인구어족의 3기능 신화 구조

	제 1기능	제 2기능	제 3기능
인도	미트라-바루나	인드라	쌍둥이 나샤티아
로마	쥬피터	마르스	퀴리누스
스칸디나비아	오딘	토르	프레이르
그리스	제우스	아레스	아프로디테

로마신에서 퀴리누스는 로마 건국의 아버지 로물루스가 죽은 뒤에 신격화된 존재이다. 그런데 로물루스는 쌍둥이 형제이다. 인구어족에서 쌍둥이는 풍요의 상징이었던 것이다. 인도 신화에서 쌍둥이 신이 제 3기능을 맡고 있는 것도 같은 맥락에서 이해할 수 있다.

그리스 신화에서 신들의 기능 구분은, 앞에서 소개한 신 외에도, 다른 신들에게도 그대로 적용된다. 제우스 대신 헤라, 아레스 대신 아테나를 각각 치환할 수 있는데, 이 세 명의 여신이 바로 트로이 전쟁에 불씨가 된 황금 사과를 놓고 다투는 주인공들이다.

3기능 구조에 의한 트로이 신화의 분석

트로이 전쟁 이야기는 수많은 그리스 신화의 에피소드 중에서 가장 극적인 요소들을 많이 가지고 있다. 이미 그리스 신화에서 소개한 것

18 같은 글 인용.

처럼 트로이 전쟁은 세 여신의 불화가 빚어낸 사건이 그 계기가 된다. 그런데 왜 하필 세 여신이 등장하는가?

테티스의 결혼식에 초대를 받지 못한 불화의 여신 에리스는 '가장 아름다운 여인에게'라고 적힌 황금 사과를 던지고 사라진다. 신들은 이 사과를 이다산의 양치기 파리스에게 던진다. 이제 신들의 심판을 인간이 하게 된 것이다. 파리스 앞에는 세 명의 여신이 나타난다. 헤라, 아테나 그리고 아프로디테가 그들이다. 앞에서 인용한 뒤메질 연구에서는 세 명의 여신에 나타난 3기능 구조의 개념을 분석했는데 여기에 그 일부를 소개한다.

세 여신과 3기능 구조

트로이 전쟁에 불씨를 지핀 세 여신이 파리스 앞에 나타나 황금 사과를 얻기 위해 파리스에게 한 제안은 그리스 신화에서 이미 소개한 바 있다. 다시 한번 소개하면 헤라는 전 아시아의 지배자 로 만들어 주겠다고 말하고, 아테나는 모든 전투에서 승리할 수 있도록 해 주겠다고 제안한다. 그리고 마지막으로 아프로디테는 세상에서 가장 아름다운 여인을 주겠다고 약속한다. 항상 선택의 기로에 서 있는 인간의 운명을 상징하는 부분이다.

먼저 헤라는 세계의 지배를 파리스에게 제안하는데, 인구어족의 제 1계층인 주술과 법률에 의한 지배를 상징한다. 제우스와 헤라가 대표적인 신들이다. 한편 아테나는 제 2계층인 전사 계급을 상징한다. 남성의 경우 아레스와 헤라클레스가, 여신 중에서는 아테나가 그 역할을 맡고 있다. 끝으로 아프로디테는 생산과 풍요의 상징인 성애의 상징이다. 생산을 맡고 있는 제 3계층을 대표하는 신이라고 볼 수 있다.

여신의 구분이 뒤메질의 3기능 체계를 대표하는 것이라면 트로이와 그리스의 인간 세계도 동일한 구조를 보이고 있다. 세 여신과 비교한 도표를 통해 살펴보자.

	올림포스의 세 여신	트로이	그리스
제 1기능 (사제,주술적이고 법률적인 지배권)	헤라	프리아모스왕	아가멤논
제 2기능 (무사,물리적인 방어와 힘)	아테나	헥토르	아킬레우스
제 3기능 (생산자,안하고 비옥한 풍요,자손증식)	아프로디테	파리스	존재하지 않음

제우스 같은 제 1기능을 맡고 있는 헤라의 역할은 아레스가 그리스 장수들을 닥치는대로 죽이자 잘 드러난다. 헤라가 올림포스 산에서 제우스를 찾아가 다음과 같이 말한다.

> "아버지 제우스여, 아레스가 저토록 잔인한 짓을 해도 노엽지 않으십니까? 그는 아무런 목적도 질서도 없이 저토록 훌륭한 아카이아 백성들을 얼마나 많이 죽였습니까? 그래서 나는 마음이 아파 죽겠는데도, 퀴프리스-아프로디테를 말함-와 은궁의 아폴론은 아무런 법도도 모르는 저 미치광이를 부추켜 놓고는 태평스럽게 즐기고 있습니다. 아버지 제우스여 내가 만일 아레스를 심히 쳐서 싸움터에서 내쫓아 버리면 노하시겠습니까?"
>
> 그러자 구름을 모으는 제우스가 그녀에게 대답했다. "그렇다면 전리품을 실어다 주는 아테나를 부추켜 그를 치게 하라. 누구보다도 그녀가 늘 그에게 따끔한 맛을 보여주곤 했으니까." 이렇게 말하자 흰 팔의 여신 헤라는 거역하지 않고 채찍으로 말들을 쳤다.[19]

19 같은 글, p. 68.

3기능 체계는 정해진 위계 질서에 의해 움직인다. 먼저 제 1기능의 소유자인 헤라가 결정하면 제 2기능의 아테나는 그 임무를 성실히 수행한다. 만약에 제 2기능의 무사-전쟁의 신 아레스도 여기에 속한다-가 정해진 임무를 이탈하여 질서를 어지럽힌다면 주술적인 힘을 사용하여 본래의 질서를 회복시켜 놓는다. 트로이 전쟁에서 헤라는 제우스와 같은 역할을 하고 있는 것이다.

이제 제 3기능의 구조를 트로이에 대입시켜 보자. 트로이의 왕 프리아모스는 종교적인 행위에만 개입하는 왕이다. 주술적이고 법률적인 지배권을 가진 제 1기능의 역할을 하는 존재인 것이다. 트로이의 명장 헥토르는 대표적인 제 2기능의 소유자이다. 반면 아프로디테의 또 다른 화신을 트로이에서 찾는다면 파리스가 여기에 해당하는 인물이다. 아프로디테가 성을 상징하는 여신이라면 호색가인 파리스야말로 제 3기능의 대표적인 존재가 된다.

그리스 진영에서 제 1기능을 수행하는 자는 총사령관 아가멤논이다. 종교적이고 주술적인 역할은 아니지만 법률적인 지배권을 행사하며 그리스 연합군를 총지휘하는 인물이다. 제 2기능을 수행하는 그리스 진영의 대표적인 장수로는 아킬레우스가 있다. 인간인 아버지와 여신 테티스 사이에 태어난 아킬레우스는 예언대로 아버지를 능가하는 존재가 되지만 인간은 신이 될 수 없다는 한계의 벽을 넘지 못한 채 파리스의 화살에 절명한다. 그리스 진영은 전쟁을 수행하기 위한 원정군이기 때문에 제 3 기능을 맡고 있는 주인공은 찾을 수 없다. 굳이 제 3기능의 역할을 부여한다면 제우스와 레다의 딸 헬레나가 그 주인공이 될 것이다. 헬레나는 파리스의 여인이라는 점에서 동일한 층위에 속한 인물로 분류할 수 있다. 즉, 풍요와 다산의 전제 조건인 성욕의 상징으로서 아프로디테, 파리스 그리고 헬레나를 동일한 범주에 묶을 수 있다.

뒤메질의 신화 분석은 비교언어학적 작업을 통해 시작되었지만 그 방법론은 다분히 구조주의적이다. 다시 말해 레비스트로스가 주장한 대로 신화의 이해는 그 신화의 구조를 이해하는 데에서 시작된다는 가설이 한층 더 설득력을 얻는 부분이다.

제 10장

세계 공통의 설화 : 신데렐라 설화

제 10장

세계 공통의 설화 : 신데렐라 설화

월트 디즈니의 만화 영화로 잘 알려진 신데렐라 이야기는 우리에게 낯익은 서양 동화이다. 그런데 신데렐라 부류의 이야기는 어디에서 들어본 듯 하다. 우리 나라의 전래 동화 콩쥐팥쥐도 비슷한 줄거리를 가지고 있지 않은가? 본서의 마지막 장에서는 세계 곳곳에 퍼져 있는 신데렐라 이야기의 원전 및 다양한 이본에 대해 살펴보기로 하자.

영원한 고전, '신데렐라' 이야기

신데렐라 이야기는 전승 범위와 이야기의 특성상 민담의 범주에 속한다. 그런데 민담은 설화 문학 중에서 그 전승 범위가 가장 넓다. 신데렐라 이야기가 여러 나라에서 발견되는 이유가 여기에 있다.

우리에게 가장 잘 알려진 신데렐라 이야기는 17세기에 살았던 프랑스의 동화 작가 샤를르 빼로가 구전되던 민담을 책으로 펴낸 것이다. 루이 14세의 베르사이유 궁정에서 민담집 헌사로 일했던 빼로는 귀족들이 읽을 수 있는 민담을 정리했다. 그런 까닭에 빼로의 신데렐라는 민담의 줄거리와 그 내용이 약간 다르드다.

비록 다양한 신데렐라 이본이 존재하지만 이야기의 주요 모티프는 거의 동일하다. 주요 모티프를 정리해 보자.

1) 신데렐라의 어머니가 죽자 계모가 들어온다.
2) 계모와 의붓자매들이 신데렐라를 학대한다.
3) 왕궁에서 연회가 열리는데 계모는 신데렐라를 데리고 가지 않는다.
4) 요정(개암나무)의 힘으로 신데렐라는 왕궁에 간다.
5) 신데렐라는 자정 전에 집으로 돌아와야 한다.
6) 왕자는 신데렐라를 찾아 나선다.
7) 잃어 버린 유리 구두가 그 단서가 된다.
8) 구두의 주인을 찾아 왕자와 신데렐라는 결혼하여 행복하게 산다.

신데렐라 이야기는 여느 신화들이 그렇듯이 결핍에서 시작된다. 예를 들어 어떤 나라의 왕과 왕비는 어느것 하나 부족한 것이 없었는데 자식이 없었다는 것이 대표적인 결핍의 모티프이다. 이런 모티프의 이유를 손은주[20]는 다음과 같이 설명한다.

18세기만 해도 프랑스의 인구 중 45%가 10세가 되기 전에 죽었다고 한다. 평균 수명이 지금과는 비교가 안될 만큼 짧았던 것이다. 그 결과 성년이 되기 전에 양친 중의 한 명이 먼저 죽는 집이 많았다는 것이다. 신화나 설화에 등장하는 모티프는 이렇듯 사회적 현상과 밀접한 관련이 있다.

위에서 나열한 주요 모티프는 빼로판 신데렐라의 줄거리와 일치한다. 그러나 신데렐라 이야기의 이본인 그림 형제의 이야기는 그 내용이 조금 다르다.

---

20 「<신데렐라>형 민담의 의미와 역사」, 『뷔히너와 현대문학』, 제 14호, 2000년 4월.

상드리옹
프랑스판 신데렐라 동화의 표지. 프랑스어로 상드리옹 Cendrillon은 '재'를 의미하는 'cendre'에서 만들어진 말이다. 즉 '재를 뒤집어 쓴 아이'라는 뜻이다.

빼로판 신데렐라 vs. 그림 형제판 신데렐라

빼로판 신데렐라의 원제는『상드리옹 혹은 유리구두 Cendrillon ou la petite pantoufle de verre』인데 반하여, 독일 그림 형제의 이야기는『재투성이 Aschenputtel』로 되어 있다. 두 이야기는 제목부터 다르다. 그렇다면 어느 이야기가 원전을 충실하게 반영하고 있을까? 사실 신화 같은 설화 문학에서 원전은 존재하지 않는다. 왜냐하면 신화나 설화는 끊임 없이 변형되고, 그 과정에서 새로운 모티프들이 첨가되거나 기존의 모티프들이 생략되기도 하기 때문이다.

먼저 빼로판 신데렐라의 하이라이트는 왕궁의 무도회에 갈 수 없게 된 신데렐라를 요정이 나타나 공주로 만드는 장면이다. 문제는 갑자기 나타난 요정의 정체이다. 엄마를 잃은 신데렐라에게 죽은 엄마를 연상시키는 요정은 그래서 대모 요정으로 볼 수 있다. 그러나 그림 형제의『재투성이』에서는 대모 요정이 등장하지 않는다. 신데렐라는 무도회에 갈 수 없게 되자 어머니의 무덤으로 달려간다. 그리고 무덤가의 개암나무 가지를 흔들며 운다. 그러자 개암나무는 신데렐라를 공주를 만들어 준다.

해즐럿 열매가 열리는 개암나무는 유럽에서 신성한 존재로 여겨져 왔다. 게다가 그림 형제의 신데렐라에 등장하는 개암나무는 죽은 어머니의 무덤가에 심어져 있던 나무다. 빼로판 신데렐라보다 이야기를 듣는 이들에게 훨씬 더 설득력이 있는 모티프로 전달될 수 있는 부분이다.

빼로판 신데렐라와 그림 형제의『재투성이』이야기를 모티프의 비교를 통해 분석해 보기로 하자. 이러한 비교·분석은 나카자와 신이치의『신화, 인류 최고의 철학』에 잘 설명되어 있다.

	빼로판『신데렐라』	그림 형제의『재투성이』
신데렐라와 어머니의 매개체	대모 요정의 출현 (시궁쥐, 쥐, 호박)	개암나무 아래에서 무도회에 가게 해달라고 소원을 빌음 (콩, 비둘기, 작은 새)
왕자와의 매개체	유리 구두	작은 구두
의붓자매들	용서를 빌고 귀족과 결혼함	새들이 눈을 쪼아 먹음
아버지와의 관계	엄마를 잃은 신데렐라를 가엽게 여김	알 수 없음

1. 매개체들의 차이

빼로판 신데렐라와 그림 형제의 재투성이에서 가장 차이가 나는 부분은 신데렐라가 왕궁에서 열리는 무도회에 가게 된 방법이다. 먼저 빼로판에는 무도회에 가지 못하게 되어 울고 있는 신데렐라 앞에 대모 요정이 나타난다. 그리고 그녀는 신데렐라의 소원을 마법을 동원해 들어 준다. 마치 마법의 지팡이를 휘두르면 '펑'하고 소원이 이루어지는 것처럼.

그러나 그림 형제의 이야기에서 신데렐라는 다른 방법으로 무도회에 간다. 재투성이의 아버지는 시장에 가면서 아이들에게 선물을 물어본다. 의붓자매들은 값비싼 선물을 부탁하지만 재투성이 소녀는 돌아오는 길에 아버지의 모자에 걸리는 나뭇가지를 꺾어서 주면 된다고 말한다. 그 나무가 바로 개암나무였고, 소녀는 그 나뭇가지를 어머니의 무덤가에 심는다. 그리고 무도회에 갈 수 없게 된 날 소녀는 어머니의 무덤에 찾아와 개암나무 가지를 흔들며 흐느껴 운다. 그런데 어머니의 무덤까지 뿌리를 내린 개암나무의 덕분이었을까? 개암나무가 신통을 부리며 소녀의 소원을 들어준다.

두 이야기를 비교해 보면 그림 형제의『재투성이』이야기가 독자들에게 보다 호소력이 있어 보인다. 느닷없이 나타나는 대모요정보다 어머니의 무덤가에 심은 개암나무는 지하 세계의 어머니와 연결이 된 것처럼 보인다. 게다가 그 나무는 아버지가 가져다준 것이 아닌가?

본래 민담은 시골에서 구전되던 이야기이다. 그런 이유에서 민담에 등장하는 주인공들의 성격은 지나치게 솔직하고 행동은 거친 면이 많다. 빼로의 신데렐라는 17세기 프랑스의 귀족들을 위한 민담이었다. 세련된 어투와 예의범절이 존중되던 당시의 사회 분위기로 보아 빼로는 그림 형제의 민담을 조금 더 다듬고 각색했던 것이다. 그림 형제의 주인공 소녀가 재를 뒤집어 쓴 소녀로 묘사되는 것도 같은 맥락이다. 또 다른 예를 들자면 빼로판 이야기에서는 신데렐라가 왕궁에 놓고 간 것이 유리 구두이지만 그림판에서는 평범한 작은 구두로 표현되어 있다.

2. 해피엔딩과 비극적 종말

빼로판 신데렐라의 종말은 의붓자매들이 용서를 받아 귀족과 결혼하는 것으로 끝난다. 흔히 보는 해피엔딩의 결말이다. 그러나 그림 형제의 『재투성이』는 그 결말이 비극적이다. 우선 신발의 주인공을 찾는 장면부터 빼로판의 이야기와는 다르다. 의붓자매들의 발이 커서 신발을 신을 수가 없자, 계모는 발을 자르라고 말한다. 왕궁에 들어가면 평생 걸어다닐 필요가 없기 때문이라며 딸들을 부추긴다. 평생을 고생만 하던 민중들의 소원이 이 장면에 들어있는지 모른다.

억지로 신을 신은 의붓자매는 자기가 신발의 주인이라고 말한다. 왕자는 그녀를 왕궁으로 데려가지만 뒤따라 오던 새들이 왕자에게 말한다. '신발 속은 온통 피투성이'라고. 그리고 새들이 의붓자매들의 눈을 쪼아 두 자매는 장님이 된다. 빼로판이 해피엔딩으로 끝나는 것에 비해 비극적이고 잔인한 결말이다.

결말 부분의 차이는 이야기를 들려줄 대상의 차이에서 기인했을 것이다. 전술한대로 빼로판 신데렐라는 귀족들을 대상으로 정리된 민담이다. 그 중에서도 살롱과 궁정의 사교계를 이끌었던 귀부인들이 주대상이었을 것이다. 그런데 귀부인들은 세련된 매너와 언어 예절 등으로 자신들의 교양을 한껏 뽐내던 사람들이었다. 이런 사람들에게 발을 자르거나 눈을 쪼는 내용은 결코 빼로 같은 궁정 민담 전문가가 옮겨서는 안될 내용이었다. 빼로는 원전에 충실하기보다는 자신이 속한 사회적 계층이 무엇을 원하는지 정확히 파악하고 있던 사람이었기 때문이다.

본래 민담의 내용에는 폭력적이고 성과 관련된 내용들이 그대로 들어 있다. 아마도 소박한 민중들의 삶의 무게가 그대로 투영되어 있기 때문일지 모른다. 혹은 솔직한 인간 본성의 정수야말로 구전 되는 민담에 그대로 담을 수 있는 내용이기도 했다. 배우지 못했던 민중들은 이야기에서나 귀족으로 신분 상승을 이룰 수 있었기에 신데렐라 부류의 이야기는 가장 인기가 많은 민담 중의 하나였을 것이다.

다른 나라의 신데렐라 이야기

앞에서 언급한 신이치의 연구에 따르면 신데렐라 이야기는 지구상의 여러 나라에서 발견되는 대표적인 설화라고 설명하고 있다. 포르투갈판 신데렐라인『아궁이 고양이』의 줄거리를 간단하게 소개해 보기로 하자.[21]

> 아내를 잃은 남자가 있었는데 그에게는 세 딸이 있었다. 막내는 부엌일이 좋다며 항상 아궁이 옆에서 일을 하고 있었다. 하루는 두 언니가 아름다운 황금빛 물고기를 부엌으로 가져와 요리를 해오라고 했다. 그러나 막내는 아버지에게 부탁해 그 물고기를 자기 방의 어항에서 키울 수 있도록 간청했다. 그런데 꿈에서 그 물고기가 나타나 자신을 우물에 놓아 달라고 했다. 그 다음날 막내는 물고기를 우물에 놓아 주었다.
>
> 이튿날 연회가 있어 두 언니들이 외출하고 없을 때 막내는 우물가에 갔는데 우물 속에서 물고기가 들어오라는 말을 들었다. 물고기와 함께 들어가니 그 속에는 궁전이 있었다. 막내는 화려한 옷으로 치장을 하고 연회에 갈 수 있었다. 그렇지만 물고기는 두 언니보다 연회에서 먼저 빠져나와야 한다는 말을 막내에게 해주었다.
>
> 연회에 나타난 막내를 보고 사람들은 눈이 휘둥그레졌다. 그런데 연회가

21 나카자와 신이치,『신화, 인류 최고의 철학』, 동아시아, 2003년.

끝나 그녀가 집으로 가려는데 그만 구두 한 짝을 떨어뜨리고 말았다. 왕은 그 구두를 주어 구두의 주인과 결혼하겠다고 선포했다.

집으로 돌아온 막내는 자초지종을 물고기에게 말했다. 그런데 물고기는 막내가 자신과 결혼해야 한다며 청혼을 하였다. (...) 구두의 주인을 찾으러 궁전에 나온 사람들은 나라의 처녀들에게 구두를 신게 했다. 언니들도 당연히 구두를 신었으나 발이 들어가지 않았다. 마침내 막내 차례가 되었다. 막내는 발을 구두에 미끄러지듯이 넣었다. 구두의 주인을 찾는 왕은 기뻐하여 그녀와 결혼하겠다고 말했다. 그러자 막내는 자신은 이미 결혼 상대가 있는 몸이라고 했다. 왕은 크게 놀랐지만 우물의 왕자를 꺼내 주어 둘의 결혼을 승낙하였다.

포르투갈판 신데렐라 이야기에는 수중 세계가 등장한다는 것이 특이하다. 그리고 왕자와 막내를 연결해 주는 매개체로서 물고기가 등장하는 점도 흥미롭다. 민담이라는 것이 살고 있는 환경에 의해 만들어지는 이야기라면 이 이야기가 만들어진 곳은 바다 혹은 강과 밀접한 지역일 것이다. 이렇듯 물고기가 등장하여 신데렐라의 소원을 들어주는 이야기의 원전은 아마도 중국의 신데렐라일 듯 싶다. 신데렐라 이야기 중에서 가장 오래된 이야기로 꼽히는 『섭한 이야기』의 줄거리를 보자.

진나라와 한나라 이전에 동주라는 곳에 오씨가 살고 있었다. 그는 첫 번째 아내가 죽고 두 번째 아내를 새로 맞이하였다. 오씨에게는 전처 소생의 여자 아이가 하나 있었는데 이름이 섭한이었다. 새로 들어온 계모는 섭한을 학대했다.

깊은 곳에서 나무를 하던 섭한은 물고기 한 마리를 얻게 되었다. 그녀는 물고기를 집 연못에 놓아 주었다. 섭한이 날마다 물고기에게 먹을 것을 주었기 때문에 그녀만 연못에 나타나면 물고기는 머리를 내밀었다. 계모도 이 사실을 알고 연못에 갔지만 물고기는 나타나지 않았다.

하루는 계모가 섭한의 옷을 입고 연못가로 갔다. 그러자 물고기는 섭한으로 잘못 알고 머리를 내밀었다. 계모는 그 순간을 놓치지 않고 물고기를 잡아

요리를 해서 먹고 그 뼈를 퇴비 속에 던져 버렸다.

집에 돌아온 섭한은 연못에 가서 물고기를 불러 보았지만 나타나지 않았다. 계모가 물고기를 잡아 먹었다는 사실을 안 섭한은 통곡을 하였다. 그러자 꿈에 물고기가 나타나 뼈를 추려 방에 숨겨 두었다가 소원을 빌어보라고 했다. 물고기의 말대로 섭한이 뼈에 대고 소원을 빌었더니 소원이 이루어졌다.

마을에서 축제가 열렸다. 섭한은 죽은 물고기의 도움으로 화려한 옷과 황금 신발을 입고 축제에 참가할 수 있었다. 계모와 딸은 축제에 나타난 섭한을 보고 그녀를 의심하기 시작했다.

섭한이 부리나케 집으로 돌아오는 바람에 그만 황금 신발 한 짝을 흘리고 말았다. 마을 사람들은 그 신발을 타한국이라는 나라에 판다. 타한국의 왕은 신발의 주인을 찾으면 그녀와 결혼하겠다고 선포한다. 전국에 수소문한 끝에 신발의 주인이 섭한임이 밝혀진다. 그리고 왕은 섭한을 왕비로 삼았다. 그런데 섭한이 가져온 물고기 뼈도 1년이 지나자 소원을 들어주지 않게 되었다. 왕의 지나친 욕심 탓이었다.

기록에 전하는 이야기중에서 가장 오래된 신데렐라 설화의 줄거리이다. 유럽의 신데렐라와 가장 차이가 나는 부분은 주인공 섭한의 소원을 들어주는 매개체가 물고기라는 점이다. 계모와 의붓자매, 계모의 악행, 황금 신발 등이 모두 신데렐라 이야기의 핵심 모티프에 해당된다.

신데렐라의 재창조 : '보이지 않는 사람' Invisible man

북미 인디언들이 많이 살고 있는 오대호 주변에 미크마크족이 살고 있다. 그들은 일찍이 캐나다에 진출한 프랑스계 주민들과 교류했는데, 자연스럽게 신데렐라 민담을 들을 기회가 있었을 것이다. 설화 문학 중에서 민담은 구전 범위가 거의 전세계적이다. 신데렐라 이야기를 들은 미크마크족이 자신들만의 '신데렐라'를 만들어냈다. 미크마크족이 만들어낸 신데렐라의 제목은 『보이지 않는 사람』이다. 그 줄거리를 소개한다.[22]

옛날 옛날에 호숫가에 커다란 인디언 마을이 있었다. 이 마을의 외딴곳에는 집 한 채가 있었는데 거기에는 위대한 사냥꾼이 살고 있었다. 그런데 이 위대한 사냥꾼은 보통 사람들의 눈에는 보이지 않는 신성한 존재였다. '보이지 않는 사람'은 자신의 여동생과 함께 살고 있었다. 만약 이 위대한 사냥꾼을 볼 수 있는 여자가 나타나기만 하면 그녀는 '보이지 않는 사람'과 결혼할 수 있었다.

'보이지 않는 사람'은 오직 여동생의 눈에만 보였다. 마을 처녀들은 '보이지 않는 사람'과 결혼하기 위해 자신들의 눈에 '보이지 않는 사람'이 보인다고 말했다. 그러나 번번히 그럴 때마다 '보이지 않는 사람'의 여동생은 그것이 거짓이라는 것을 알고 있었다.

이 마을에는 아내를 잃은 남자가 세 딸과 함께 살고 있었다. 막내는 몸집이 작고 약해 자주 병치레를 했다. 언니들의 학대로 막내의 손과 얼굴에는 상처투성이였다. 그래서 마을 사람들은 그녀를 '오르키가스카',즉 '누덕누덕 기운 듯한 피부의 소녀'라고 불렀다.

하루는 두 언니가 '보이지 않는 사람' 집에 가서 자신들이 그를 볼 수 있다고 말했다. '보이지 않는 사람'의 여동생은 그녀들에게 무엇이 보이냐고 묻자, 언니들은 무두질한 가죽으로 된 것을 쥐고 있다며 거짓말을 했다.

불쌍한 오르키가스카는 어느날 어버지로부터 낡은 모카신을 선물로 받았다. 너무 컸기 때문에 그녀는 호수에 가서 물에 담가 오그라들게 해서 자신의 발에 맞는 크기로 만들었다. 오르키가스카는 자신의 운명을 점쳐보고 싶었다. 그래서 '보이지 않은 사람'이 사는 외딴 오두막으로 달려가기 시작했다. 언니들의 놀림에도 아랑곳하지 않고 그녀는 모카신을 신고 달렸다.

황혼 무렵이 되자 '보이지 않는 사람'이 집으로 돌아오고 있었다. 그의 여동생은 오르키가스카에게 정말 '보이지 않는 사람'을 볼 수 있는지 물었다. 오르

22 같은 책, p.163

키가스카는 그가 보인다고 대답했다. 동생이 물었다. "저 사람의 채찍에 달려 있는 끈은 어떤 거죠?" 오르키가스카가 대답했다. "저건 말이죠, 은하수예요". 그녀의 눈에는 '보이지 않는 사람'이 보이는 것이었다.

여동생은 오르키가스카를 집안으로 데리고 들어갔다. 그리고 그녀를 얼굴과 몸을 닦아 주자 몸에 있던 상처와 때가 말끔히 사라졌다. 그녀는 눈부신 별과 같았다. 이 광경을 보고 있던 '보이지 않는 사람'이 말했다. "Wajookloos"(드디어 찾았군)

이상이 미크마크족의 『보이지 않는 사람』의 줄거리이다. 신데렐라 이야기를 멋지게 재창조한 느낌이다. 특히 주인공인 소녀의 외모는 이전까지의 주인공과는 비교할 수 없다. 아름다운 외모와 고운 마음씨를 가진 주인공과는 달리 오르키가스카는 온 몸이 언니들의 학대로 말미암아 흉터로 얼룩져 있었다. 그렇지만 그녀의 마음만은 하얀 눈과 같았다. 미크마크족은 진정한 아름다움이야말로 눈에 보이는 것이 아니라 보이지 않는다는 사실을 강조했는지 모른다.

신발의 의미

신데렐라 이야기의 하이라이트는 역시 '잃어버린 신발'이다. 유리 구두, 황금 신, 가죽 신 등 다양한 형태로 등장하는 신발은 신데렐라의 분신과도 같은 존재이다. 그렇다면 왜 하필 신발인가?

신발이 신화적 모티프의 소재로 등장하는 이야기는 쉽게 찾아볼 수 있다. 그리스 신화에서 테세우스도 아버지를 찾기 위해 아버지가 돌 밑에 묻어둔 신발을 찾아내 아테나로 향한다. 또 다른 에피소드로는 황금빛 양털을 찾아온 영웅 이아손의 이야기에도 신발이 등장한다. 이아손이 귀환하기 전 나라 안에는 이상한 소문이 돈다.

"모노산달로스가 내려와
이올코스의 왕이 된다네…"

여기에서 '모노산달로스'란 말은 그리스말로 '샌달을 하나만 신고 온 자'라는 뜻이다. 결국 이 소문은 진실로 밝혀진다.

먼저 신발의 기능에 대해 생각해보자. 본래 신발은 집밖으로 나갈 때 신는 것으로 안과 밖을 이어주는 중요한 매개체이다 그런데 다른 의복에 비해 유난히 신발이 중요한 의미를 지니는 이유는 무엇일까?

신데렐라는 궁전의 무도회에 다녀오다 그만 유리 구두를 벗어 놓은 채 집으로 돌아오는데 여기에서 신발은 전혀 다른 세계로 들어가는 데 필요한 신분증으로 볼 수 있다. 동시에 신발은 그 사람의 분신이기도 하다. 다시 말해 신발은 그 사람의 표징과도 같은

것이다. 그런 신발을 잃어버린 신데렐라는 완전한 존재일 수 없다. 그러므로 자신의 분신인 신발을 잃어버린 신데렐라의 운명은 이미 예정되어 있다고 볼 수 있다. 즉, 잃어 버린 신발을 가진 왕자가 신데렐라의 운명을 쥐고 있는 것이다.

신이치[23]는 진즈부르크의 논문을 인용하여 신데렐라의 잃어버린 신발 한 짝이 저승 세계에 갔다 온 증거라는 주장을 소개한다. 저승세계는 왕궁으로 상징되는데, 특별한 세계에 다녀온 신데렐라에게 남은 흔적이 바로 잃어버린 신발 한 짝이라는 것이다.

흔히 신화에서 영웅들은 신성한 세계에 다녀오는 경험을 한다. 그리스 신화의 예를 들면 저승 세계야말로 대표적인 금기의 세계에 해당된다. 신화에 등장하는 수많은 신화 영웅들 중에서 하데스의 세계에 내려가지만 살아온 자는 거의 없다. 그런데 금기의 영역과 같은 세

23 같은 책, p. 190

계에 다녀온 영웅들에게는 일종의 표시가 있을 것이다. 그것이 신체에 찍혀 있는 각인이든 혹은 상징물일 수도 있다. 신데렐라의 이야기에서는 신발이 그 역할을 하는 매개체라는 것이 진즈부르크의 설명이다.

심리학에서는 신데렐라의 유리구두를 성적인 것으로 해석한다. 발달심리학자인 부르노 베텔하임24은 깨지지 쉬운 유리구두를 처녀성의 상징으로 본다. 즉, 신데렐라는 오랫동안 왕자와 함께 있고 싶지만 시간이 되면 집으로 돌아가지 않으면 안되는 딜레마에 빠진다. 이 욕망과 불안이 교차하는 갈등은 어쩌면 호기심과 두려움이 어우러진 사춘기 소녀의 성에 대한 태도로 해석할 수도 있다.

모카신 본래 북아메리카 토착민들이 신던 모카신은 아메리카 인디언들이 사슴 가죽으로 만든 신이다. 우리의 주인공 오르키가스카는 아버지로부터 받은 낡은 모카신을 신고 보이지 않는 사람의 집으로 달려간다.

24 손은주, 같은 논문, p. 168

신발이 성적인 의미를 가질 수 있는 것은 중국의 전족 풍습을 생각하면 수긍이 간다. 발이 작아야 미인으로 대접받는 전족 풍습이야말로 발이 가진 성적인 의미를 잘 보여준다. 그런 맥락에서 신데렐라가 유리 구두를 잃어버렸다는 것은 처녀성을 상실했다는 의미로 해석할 수도 있다. 왕자가 구두의 주인을 찾는 것은 첫 날 밤을 함께 보낸 연인을 찾는 것이다.

재를 뒤집어 쓴 아이

신데렐라 이야기에서 그녀가 거처하는 곳으로 가장 많이 나오는 곳이 부엌이다. 빼로판 신데렐라의 원제에서 신데렐라의 불어 이름인 '상드리옹'은 '재를 뒤집어 쓴 아이'라는 뜻이다. 왜 신데렐라는 부엌에서 거처했을까?

본래 아궁이가 있는 부엌은 집안에서 외부와 통하는 유일한 곳이다. 아궁이에 불을 지피면 연기는 굴뚝을 타고 바깥으로 날아간다. 반대로 세찬 바깥 바람이 굴뚝을 타고 부엌으로 들어오기도 한다. 결국 아궁이와 굴뚝이 있는 부엌은 바깥 세상으로 나가는 통로인 셈이다. 즉, 신데렐라에게 바깥 세상으로 통하는 부엌은 죽은 어머니와 연결되는 유일한 통로이다. 마찬가지로 크리스마스 때 산타클로스도 꼭 굴뚝을 타고 내려온다. 요정이나 신성한 영혼은 굴뚝을 통해 집안으로 들어오는 것이다. 그러므로 신데렐라가 아궁이 옆에 거처하는 이유는 바깥 세상으로 통하는 유일한 부엌이야말로 죽은 어머니와 교통할 수 있는 곳이기 때문이다.

제 11 장

한국의 저승 설화
: 바리데기

제 11 장

한국의 저승 설화, 바리데기

바리데기 설화

바리데기 설화는 한국의 대표적인 저승 설화에 속한다. 신화가 민족을 단위로 전승되는 반면 설화는 더 광범위하게 전승된다. 신데렐라 설화가 세계 곳곳에서 발견되는 것도 설화적 특징 때문이다. 신화와 설화의 또 다른 차이점은 신화가 신성하고 거룩한 이야기를 담고 있는데 비해 설화는 특정 인물의 영웅적인 이야기를 그리는 경우가 많다. 그런 점에서 바리데기 설화는 신화적 요소들을 많이 포함하고 있다. 먼저 이야기의 줄거리를 간단히 보자.

> "설화에 따르면, 옛날 어느 나라에 왕이 있었는데(어비대왕 혹은 오구대왕이라고 한다) 혼례를 일 년 미루어야 아들을 낳는다는 예언을 들었다. 하지만 왕은 그 예언을 무시하고 결혼한 탓에 아들을 낳지 못하였다. 딸만 계속 낳다가 마침내 일곱째도 딸로 태어나자 아이를 버렸다. 바리공주가 태어나자 왕이 공주를 버려, 바리공주는 한 노부부에 의해 구해져 양육되었다. 후에 왕과 왕비가 죽을병이 들어 점을 쳐 보니 저승의 생명수로만 구할 수 있다고 하였다. 여섯 공주 모두가 부모를 위해 저승에 가길 거부했는데 바리공주는 이를 알

게 되어 자신을 버린 부모를 구하기 위해 기꺼이 저승에 가겠다고 하였다.

바리공주는 저승에 가서 약이 있는 곳을 찾았는데 그 곳은 저승의 수문장이 지키고 있었다. 그는 바리공주와 일곱 해를 살고 일곱 아들을 낳아야 약을 주겠다고 말하였다. 바리공주가 그 조건을 채운 뒤 약을 가지고 이승에 돌아오는데, 궁에서 나오는 왕과 왕비의 상여와 마주쳐 가져온 영약으로 되살렸다. 이후 바리데기의 남편인 저승의 수문장은 장승이, 일곱 아들은 칠원성군이 되었고 바리공주는 이러한 연유로 왕에게 자청하여 무당의 조상이 되었다."

융의 설명처럼 모든 신화에는 공통적인 이야기가 반복되며 켐벨이 주장한 '통과의례'의 이야기도 바리데기 설화에 자주 등장한다. 바리데기 이야기에 나타나는 신화적 요소들을 살펴보자.

기아의 모티프

신화에는 아이를 버리는 기아(棄兒)의 모티프가 자주 등장한다. 그리스 신화에서는 테베의 왕 오이디푸스 그리고 트로이의 왕자 파리스가 버려진 주인공들이다. 오이디푸스와 파리스는 아버지를 죽일 것이라는 신탁에 의해 버려지는데, 이 둘의 공통점은 자신들이 버려진 곳으로 다시 돌아온다는 사실이다. 바리데기 공주는 아들이 아니라는 이유로 버려졌다. 우리 전통 사회의 남존여비 사상을 잘 보여주는 대목이다. 신화에서 버려진 주인공은 통과의례를 통해 새로운 미션을 완수하고 원래의 자리에 돌아오는 법이다. 바리데기는 자기를 버렸던 아버지에 의해 자신의 정체성에 대해 알게 되고 스스로 저승 세계에 약을 찾아 떠난다. 그리고 그곳에서 저승의 수문장과 결혼을 하고 아이도 낳은 다음에 다시 이승의 세계로 귀환한다.

서양의 신화에서는 자신을 버린 부모를 살해하는 오이디푸스형이 주를 이룬다. 트로이의 왕자 파리스도 예외는 아니다. 아버지를 죽일 것이라는 카산드라의 예언에 의해 버려진 뒤 천신만고 끝에 왕궁으로 돌아오지만 파리스의 앞날은 그리 순탄하지 않았다. 게다가 파리스는 트로이 전쟁의 도화선이 된 헬레나를 유혹해서 납치까지 하지 않았던가? 아마 아버지 프리암은 진작 없애야할 자식 때문에 나라가 망하게 되었다고 탄식했을지 모르고, 형 헥토르 역시 죽어가면서 망나니 동생 파리스에게 저주를 퍼부었을 것이다. 어쨌든 서양 신화 속의 버려진 아이는 본래의 가족과 상극(相剋)의 관계로 설정된다.

하지만 바리데기는 자신을 버렸던 부모의 병을 고쳐주기 위해 두말 않고 저승 세계로 약수를 구하러 떠난다. 서양인의 관점에서는 이해하기 힘든 상황일지 모르지만 부모에 대한 효를 아는 한국인들에게는 충분히 이해되는 부분이다.

신화의 주인공은 막내

그리스 신화에서 크로노스는 아내 레아가 출산을 하자마자 자식들을 삼켜 버린다. 자신이 아버지 우라노스의 남근을 제거해서 쫓아냈듯이 자기도 자식들에 의해 제거될까 두려웠기 때문이다. 그래서 막내 제우스가 태어나자마자 레아는 크레타 섬으로 피신시켜 제우스를 살린다. 그 후 제우스는 성장한 뒤에 아버지를 제거하고 신들의 왕이 된다. 하데스, 포세이돈, 헤라는 본래 제우스의 형과 누이였지만 크로노스의 뱃속에 있었기 때문에 서열이 바뀌게 된다. 막내 제우스가 과업을 완수했기 때문이다. 신화에서는 이렇듯 막내가 주인공으로 등장하는 경우가 빈번하다.

바리데기 설화에서도 왕은 약을 구하기 위해 여섯 명의 공주에게 부탁을 하지만 그 누구도 선뜻 나서는 이가 없었다. 그런데 버림받은 바리데기가 저승에 간다고 나선 것이다. 우리 속담에도 '눈 먼 자식 효도한다', '얼러 키운 효자 없다'라는 말처럼.

신화에서 막내가 주인공으로 등장하는 이유는 아무래도 극적인 효과를 배가시키기 위함일 것이다. 첫 번째 자식이 모험의 주인공으로서 임무를 완수하는 것 보다 형들이 이루지 못한 과업을 막내가 천신만고 끝에 이루는 것이 훨씬 더 흥미롭기 때문이다.

저승 세계

각국의 신화에 꼭 등장하는 곳이 바로 저승 세계이다. 그곳은 인간이 갈 수 없는 세계이며 아무도 그곳에 갔다가 살아 돌아온 사람이 없기 때문에 사람들의 호기심을 더욱 더 자극한다.

저승 세계는 영웅들의 세계다. 그리스 신화에서는 영웅 오디세우스가 트로이를 함락하고 고향 이타카로 돌아오기까지 천신만고의 역경을 극복하는데, 그 중에서도 가장 어려운 과업은 저승 세계에 내려가는 것이었다. 그곳에서 자신의 용기를 지나치게 뽐냈던 아킬레우스도 만나는데, 그는 오디세우스에게 지상에서 시시하게 살더라도 지하에서 우두머리로 사는 것보다는 수천 배 아름답다고 말한다. 하지만 신화 속의 인간은 끊임없이 저승 세계에 내려가 보고 싶어 한다.

그리스 최고의 가수 오르페우스의 이야기는 슬프다. 뱀에 물려 죽은 아내 에우리디케를 살려보기 위해 하데스의 세계에 내려가 수금으로 그들을 감동시키지만 신들은 인간에게 선뜻 생명의 부활을 허락하지 않는다. 이왕 죽은 사람을 살려 줄 거면 기분 좋게 살려주면 얼마나 좋을까? 하지만 신들은 꼭 단서를 단다. 결국 오르페우스는 저승에서 이승으로 나오는 입구를 목전에 두고 뒤를 돌아보는 바람에 아내를 영영 구해 오지 못하고 만다. 신화 속의 신들은 이렇듯 인간에게 이따금 잔인하다.

메소포타미아 신화의 여신 인안나는 어떤가? 금성의 신이자 미의 여신인 인안나도 저승 세계에 관심이 많았다. 그녀는 과감히 저승 세계에 내려가는데 관문을 지날 때 마다 입고 있던 옷을 하나씩 벗거나 걸치고 있던 장신구들을 풀러야 했다. 아마도 저승 세계에세는 이승 세계의 표식들이 전혀 의미가 없다는 것을 말하려는 것이리라. 저승 세계에는 인안나의 언니인 에레쉬키갈라가 여신으로 있었다. 지상이 인안나의 세상이라면 지하는 에레쉬키갈라의 세상이다. 신들은 자신의 영역을 침범한 자들을 용서하지 않는다. 인안나도 저승 세계에서 흠뻑 두들겨맞고 고깃덩어리처럼 벽에 걸리고 만다. 그리고 저승에서 살아나가고 싶으면 지상의 누군가를 한 명 불러와야 한다고 말한다. 인안나는 이 때 지상에서 놀고 있는 남편 두무지를 넘기고 다시 지상으로 나온다. 아내가 없으면 더 즐거운 남편들에게 내리는 벌이리라.

바리데기 이야기 속에 등장하는 저승 세계는 그리스 신화나 메소포타미아 신화 속의 저승과 비교할 때 훨씬 더 인간적이다. 바리데기는 저승 수문장의 요구대로 나무하기 3년, 물긷기 3년, 불때기 3년 등 9년 동안 일을 해 준다. 그리고 그와 혼인을 하여 아들 일곱을 낳은 뒤 약수를 가지고 함께 돌아온다. 서양 신화에서 등장하는 저승 신과는 사뭇 다른 모습이다. 그리고 바리데기 자신도 사자의 혼령을 천도해 주는 무당의 시조신이 된다.

통과의례

책의 앞 부분에서 설명했던 조셉 캠밸의 통과의례 이론은 바리데기 설화에서도 반복된다. 대개 신화의 주인공들은 태어난 곳에서 버려진 뒤 양부모나 조력자를 만나 성장하는데 바리데기도 그런 과정을 겪는다. 바리데기는 마음씨 착한 바리공덕 할멈과 바리공덕 할아비의 수양딸이 되어 잘 자란다.

대부분의 신화에서는 버려진 주인공들이 스스로 자신의 운명을 개척하면서 자신의 근본을 찾아 나선다. 오이디푸스는 길에서 우연히 만난 아버지 라이오스를 죽이고 어머니 이오카스테의 남편이 된다. 트로이의 왕자 파리스도 양치기 양아버지의 슬하에서 자라나지만 격투기 대회에서 자신이 트로이의 왕자임을 알게 된다.

그러나 바리데기가 자신의 정체성을 알게 되는 과정은 앞의 두 이야기와 조금 다르다. 위중한 병에 걸린 오구대왕이 버린 딸을 찾기 위해 신하를 보내어 딸을 찾게 된다. 버린 딸을 찾는 아버지로 말하자면 천륜을 저버린 사람이지만 착한 바리데기는 그래도 오구대왕을 아버지로 인정한다. 한국적 정서인 '효'가 여실히 드러나는 부분이다. 바리데기는 자신을 버린 아버지를 위해 위험한 모험을 결심한다. 자신을 낳아준 부모에 대한 지극한 효심 때문일까? 바리데기는 산 사람이 결코 돌아올 수 없는 저승세계로 약수를 찾아 떠난다.

만약 서양 신화였다면 바리데기는 저승 세계를 지키는 무장신선을 죽이고 약수를 빼앗아 왔을 것이다. 하지만 한국의 설화에서는 저승사자와 아름다운 공주를 부부로 맺어주고 있다. 바리데기가 자식을 데리고 이승으로 떠나려 하자 무장신선은 부모만 생각하고 남편을 버리고 떠나는 바리데기에게 떠나지 말아달라고 간청한다. 무시무시한 저승 이야기가 한편의 아름다운 멜로물로 재탄생하는 순간이다.

신탁

신화는 근본적으로 신성한 이야기다. 인간이 범접할 수 없는 신들의 이야기가 근간을 이룬다. 그렇지만 신화를 만들어낸 인간에게는 신과 소통할 수 있는 소통의 고리가 있어야 한다. 그 고리는 신탁(神託)을 통해서 이루어진다.

그리스 신화에는 신탁의 전문신 아폴론이 있다. 학급에서 공부를 제일 잘하는 학생이 반장을 맡듯이 제우스의 자식 중에서 가장 이성적이고 냉철한 지성의 소유자인 아폴론이 제우스의 신탁을 전담한 것은 당연한 이치였을 것이다.

바리데기의 아버지인 오구대왕은 하루라도 빨리 혼인을 하여 자식을 보고 싶어 했다. 그래서 인륜지대사인 혼사를 앞두고 용한 점쟁이에게 길일(吉日)을 받아오라고 신하를 보냈다. 신화 속의 신탁이 한국의 설화에서는 점쟁이를 통해서 이루어지고 있는 것이다. 점쟁이는 오구대왕이 그해 혼인을 하면 딸만 일곱을 볼 것이지만, 그 다음해에 하면 세 나라를 다스릴 세 명의 왕자를 볼 것이라는 점괘를 내놓는다. 하지만 오구대왕은 그 점을 믿지 않는다. 결국 점쟁이의 예언대로 일곱 명의 공주가 태어난다.

신화 속의 주인공들은 신탁을 받아들이는 숙명파가 있지만, 반대로 운명을 거부하고 자신의 운명을 개척하는 부류도 있다. 신들의 아버지 제우스도 신탁을 거부하지 못한다. 제우스와 포세이돈이 여신 테티스의 미모에 빠져 청혼을 하지만 테티스 사이에서 태어날 자식이 아버지를 능가할 것이라는 예언 때문에 제우스는 청혼을 단념한다.

결국 테티스는 인간인 펠레우스와 결혼을 하여 명장 아킬레우스를 낳았다. 물론 신탁대로 아킬레우스는 아버지를 능가하는 그리스 최고의 명장이 되었다. 그러나 문제는 그 다음에 벌어진다. 그리스와 트로이 간에 전쟁이 벌어지자 그리스는 명장 아킬레우스가 꼭 필요했다. 그렇지만 어머니 테티스는 아들이 전쟁에 나가면 죽을 운명이라는 것을 이미 알고 있었다. 그래서 아킬레우스가 태어나자마자 저승의 강 스틱스에 온몸을 담구었던 것이다. 하지만 발목을 잡고 아킬레우스를 강물에 담구었기 때문에 아킬레우스는 전장에서 트로이의 왕자 파리스의 화살에 발뒷꿈치를 맞아 절명한다. 신탁을 믿으려하지 않았고 자식의 운명을 바꾸어 보려는 어머니의 노력은 이렇게 비극으로 끝나고 만다.

바리데기에서도 오구대왕은 점쟁이의 예언을 대수롭게 생각하지 않는다. 그 결과 일곱 명의 공주가 태어나고 자신의 운명이 막내에 의해 결정되는 운명을 맞는다. 인간은 신의 영역을 넘어설 수 없다는 메시지를 한국의 설화에서도 보여주고 있다.

결핍의 모티프

많은 신화 속의 이야기는 결핍의 모티프에서 시작된다. 아버지 없이 자라난 테세우스, 여자 없이 광야를 방황했던 메소포타미아 신화의 엔키두 등과 같이 신화 속 주인공에게는 결핍된 것이 하나씩 있기 마련이다. 그래야만 그것을 채우기 위해 주인공들은 모험을 하거나 신성한 힘을 얻어 오기 때문이다.

바리데기 이야기 속의 결핍 요소는 남자이다. 오구대왕은 점쟁이의 예언을 무시하고 혼인을 하는 바람에 일곱 명의 딸만 보았다. 아들을 기대하던 오구대왕은 바리데기가 태어나자마자 아이를 버린다. 결핍의 모티프가 기아의 모티프로 전환된 것이다.

신화 속의 주인공들은 대부분 필요한 것이 결핍된 환경에서 자라난다. 제우스도 아버지 크로노스가 자식을 잡아먹는 바람에 어머니 레아 여신이 크레타 섬에 피신시키지 않았던가? 부모 없이 염소젖을 먹고 자라도 신의 자식은 뭐가 달라도 다른 법. 아버지를 쫓아내고 신들의 왕이 된다.

테세우스는 또 어떤가? 아테네의 왕 아이게우스의 왕자로 태어난 테세우스는 아버지 없이 자란다. 청년이 되었을 때 아버지가 남겨 준 왕가의 검과 샌들을 찾아내어 아버지를 찾아 나선다. 그리고 그는 안전한 해로를 두고 위험한 육로를 선택하여 온갖 역경을 극복하고 부왕이 거처하는 왕궁에 도착하여 왕자로 인정받지 않았던가? 그 유명한 프로크루테스 이야기도 테세우스의 모험 이야기 중 하나이다. 본래 '늘이는 자' 혹은 '두드려 펴는 자'라는 의미를 가진 프로크루테스는 지나가는 나그네를 집에 초대한다고 데려와 쇠침대에 눕히고는 침대 길이보다 짧으면 다리를 잡아 늘이고 길면 잘라 버렸다. 그는 아테네의 영웅 테세우스에게 자신이 저지르던 악행과 똑같은 방법으로 죽임을 당하였다.

아들이 없는 부모 밑에서 태어난 바리데기 공주는 버림을 받지만 자기를 낳아 준 부모를 위해서 저승 세계로 약수를 찾아 나선다. 아마 서양 신화였다면 절대 부모를 용서하지 않았을 것이다. 하지만 부모에 대한 '효'가 근간을 이루는 한국의 설화답게 바리데기는 죽을 고비를 넘기고 부모를 위해 약수를 구해 온다.

바리데기 설화는 한국의 대표적인 저승 설화에 속한다. 모든 인간이 궁금해 하는 저승 세계를 여자 아이가 다녀오는 설정은 다른 신화에 비해 무척 흥미롭다. 그리스 신화에서는 헤라클레스나 디오니소스 같은 영웅이나 신들, 메소포타미아 신화에서도 인안나 같은 여신이 저승 세계에 내려가는 것에 비해 한국 설화에서는 효심이 강한 바리데기가 등장하는 것이 이채롭다.

에필로그

왜 언어와 신화인가? 언어의 힘

인간과 사물 사이에는 언어가 존재한다. 풀어 말하자면 인간은 '언어의 집'을 통해 사물을 인식한다. 창 밖에 보이는 '키가 큰 푸른 식물'을 우리 머릿속에는 '나무'로 인식하고 기억한다. 우리 머릿속에는 이렇게 꼬리표가 달린 카드들이 수없이 저장되어 있다. 그러므로 사물에 대한 인식은 사물 자체가 아니라 사물에 대한 '언어적인 표상' 또는 '언어적 의미 과정'이라고 할 수 있다. 즉, 우리는 눈에 보이는 대상의 특징을 머릿속에 기억하는 것이 아니라 사물에 말의 꼬리표를 붙여 기억한다는 것이다.

철학자 라깡은 유아의 세계 인식을 상상계라고 불렀다. 상상계는 거울에 비치는 이미지의 세계다. 이러한 상상계는 언어 습득과 함께 상징계라 불리는 세계로 발전한다. 그렇다면 신화는 어디에 속할까?

신화는 추상이 아닌 구체적 이미지의 세계다. 그리고 신화는 구체적 이미지가 이야기로 표현된 세계다. 그러므로 신화는 상상계가 아닌 상징계에 속한다. 이러한 이미지의 언어적 변형이 바로 신화다. 그렇다면 수많은 이미지들이 이미지 그대로 존재한다면 어떻게 될까? 우리 머릿속에는 온통 겹쳐진 이미지의 혼돈만이 남을 것이다. 그러므로 신화는 혼돈적 이미지가 언어에 의해 정리된 질서의 세계다. 신화에 등장하는 수많은 사건과 이미지들이 언어에 의해 질서정연하게 정리되었다는 말이다.

그러므로 언어는 이미지를 표현의 사건, 창조의 사건으로 변화시키는 힘이다. 즉, 언어는 창조의 힘인 것이다. 고대 오리엔트 지방의 창조 신화에 어김없이 등장하는 방법이 언어에 의한 창조 과정이다. 구약에서도 조물주는 '빛이 있으라!'라는 말 한마디를 통해 천지를 창조하지 않았던가? 이집트의 태양신 라 Ra도 자신의 이름을 부르면서 만물을 창조한다.

언어의 힘을 신화적인 창조의 힘이라고 부른다면, 문학적으로는 메타포의 힘이라고 부른다. 메타포는 이것을 가리키면서 저것을 말하는 수사(修辭)다. 예를 들어 '그대는 나의 장미'라고 말하면 '그대=장미'의 관계가 성립된다. 즉, 다른 시공간에 있는 '그대'와 '장미'가 단번에 하나로 연결되는 것이 메타포의 힘이다. 신화에서 메타포의 힘은 절대적이다. 신화는 그러므로 은유적, 상징적인 표현법을 사용하면서 이야기를 풀어나간다. 신화에서 언어가 차지하는 역할이 얼마만큼 중요한 것인지 잘 보여주는 부분이다. 그리스 신화에서 제우스는 대홍수로 인류를 멸망시켰는데, 단지 데우칼리온 부부만을 살려 주었다. 그리고 그들에게 "얼굴을 가리고 어머니의 뼈를 뒤로 던져라"라고 말한다. '어머니의 뼈'? 메타포적인 분석이 필요한 순간이다. '대지=어머니'의 관계가 성립되면 '어머니의 뼈'는 '돌'이 될 것이다. 데우칼리온 부부가 돌을 뒤로 던지자 데우칼리온이 던진 돌에서는 남자가, 아내 퓌라가 던진 돌에서는 여자가 태어났다. 어머니에서 대지로, 그리고 뼈에서 돌로 전이된 메타포를 이해해야 데우칼리온 신화를 이해할 수 있다는 말이다.

이렇듯 신화는 언어에 의해 정리되고 또한 메타포의 과정을 통해서 진정한 의미를 가지기 때문에 언어와 신화와의 관계는 매우 밀접하다고 말할 수 있다. 그러므로 언어의 메타포적 특성이야말로 신화의 근원이며 신화 해석의 열쇠라고 말할 수 있다. 포도주와 빵이 그리스도의 피와 살로 변화하는 것은 논리적 변화가 아니라 신화적 변화다. 이를 논리적으로 이해하려는 것은 난센스다. 그러므로 우리는 책의 초반에서 '신화적 사고'를 통해 신화 이야기를 이해해야 한다고 말한 것이다.

오비디우스의 『변신이야기』에 나오는 아폴론과 다프네의 신화 이야기를 언어가 가진 메타포에 의한 신화적 변화의 관점에서 보자.

강의 신 페네이오스의 딸 다프네는 아폴론의 첫사랑이었다. 그러나 그가 우연히 다프네를 사랑하게 된 것은 아니었다. 신화에 등장하는 영리한 꾀쟁이 에로스—로마명 큐피드—가 아폴론에게 앙갚음을 한 결과였다. 어느 날 아폴론은 활에 시위를 메고 있는 에로스를 보았다. 그리고 무사들이나 쓰는 활을 에로스 같은 애송이가 들고 있는 것이 우습게 보였던지 아폴론은 에로스를 조롱한다. 에로스가 누구인가? 사랑의 화살을 가지고 장난을 치는 데는 선수가 아니던가? 에로스는 하늘로 올라가 두 개의 화살을 뽑았다. 하나는 사랑을 목마르게 하는 화살, 또 하나는 사랑을 지긋지긋하게 여기는 화살이었다. 사랑을 목마르게 구하는 화살은 금화살이었고, 반대의 화살은 납화살이었다. 그는 금화살을 아폴론에게 쏘고 납화살은 다프네에게 쏘았다.

아폴론은 이 화살을 맞은 뒤 다프네를 보는 순간 그만 마음을 빼앗기고 말았다. 그러나 다프네는 아폴론이 다가가면 갈수록 달아났다. 바람보다 빠르게 달아났다. 오비디우스의 원전을 역자 이윤기는 이렇게 옮기고 있다.

> "요정이여, 페네이오스의 딸이여. 부탁이니 달아나지 말아요. 비록 그대를 이렇게 쫓고 있기는 하나 나는 그대의 원수가 아니오. 아름다운 요정이여, 거기에 서요. 이리를 피하여 어린 양이 도망치듯이, 사자를 피하여 사슴이 달아나듯이, 비둘기가 독수리를 피하여 날개짓하듯이, 만물이 그 천적 되는 것을 피하여 몸을 숨기듯이, 그대는 지금 그렇게 내게서 달아나고 있소..."

그러나 처녀는 이 말을 들으면서도 계속해서 달아났다. (...) 결국 아폴론이 요정의 발 뒤축에 바싹 따라붙었다. 그러자 다프네는 강의 강물을 내려다보며 외쳤다.

> "아버지, 저를 도우소서. 강물에 정말 신력이 있으면 기적을 베푸시어 전신(轉身)의 은혜를 내리소서. 저를 괴롭히는 이 아름다움을 거두어주소서."

다프네는 이 기도를 채 끝마치기도 전에 사지가 풀리는 듯한, 정체 모를 괴로움을 느꼈다. 다프네의 그 부드럽던 젖가슴 위로 얇은 나무 껍질이 덮이기 시작했다. 머리카락은 나뭇잎이 되고 팔은 가지가 되기 시작했다. 조금 전까지만 해도 그렇게 힘있게 달리던 다리는 뿌리가 되고, 얼굴은 이미 나무 꼭대기가 되고 있었다. 이제 다프네의 모습은 거기 남아 있지 않았다. 그 눈부신 아름다움만 거기에 남아 있을 뿐...

나무가 되었는데도 불구하고 아폴론은 다프네를 사랑했다. 나무 둥치에 손을 댄 아폴론은 갓 덮인 수피 아래서 콩닥거리는 그녀 심장의 박동을 느낄 수 있었다. 그는 월계수 가지를 다프네의 사지인 듯이 끌어안고 나무에 입술을 갖다대었다.

> "내 아내가 될 수 없게 된 그대여, 대신 내 나무가 되었구나. 내 머리, 내 수금, 내 화살통에 그대의 가지가 꽂히리라... 카피톨리움으로 기나긴 개선 행렬이 지나갈 때, 백성들이 소리 높여 개선의 노래를 부를 때 그대는 로마의 장수들과 함께 할 것이다..."

여기까지가 다프네 신화의 줄거리다. 이번에는 다프네 요정의 이야기를 메타포적 변형의 관점에서 보기로 하자. 신화 연구에 언어학적 방법을 적용한 영국의 언어학자 뮐러에 따르면 다프네는 산스크리트어 아하나 Ahana에서 왔고, 아하나는 '새벽 여명의 붉음'을 뜻하는 말이다. 즉 다프네를 '새벽 여명'의 메타포로 본다면 다프네는 매일 아침 맞이하는 태양과 여명의 이미지다. 아침이면 동녘으로부터 태양신 아폴론이 눈부신 붉은 옷을 입고 힘차게 떠오른다. 태양은 온 대지를 붉게 물들이고 나무들 사이로 빛을 뿌린다. 그것은 아폴론의 손길이 나무를 잡으려는 이미지다. 그러나 아폴론은 결코 자신의 연인을 잡을 수 없다. 다프네는 얼굴을 붉히면서 아폴론으로부터 도망치는 이유가 여기에 있는 것이다. 이렇게 월계수를 뜻하는 희랍어 다프네와 아침 여명을 뜻하는 산스크리트어가 연합하고 메타포적 전이가 일어나면서, 아폴론과 다프네의 아름다운 신화가 탄생한다...

신화 속 언어의 힘, 수태고지

앞에서 우리는 신화 속의 언어의 힘이 중요하다는 말을 했다. 신화에서는 언어가 가진 힘을 '창조의 힘'이라고 부른다. 구약에서 야훼가 '빛이 있으라!'라는 한 마디에 빛이 내려오고, 히브리 민족의 신화에 절대적인 영향을 미친 이집트 신화에서도 창조는 언어를 통한 명령으로 이루어졌다고 기록되어 있다. 그만큼 신화에서 차지하는 언어의 창조의 힘은 절대적이라고 말할 수 있다.

이번에는 성경에 나오는 '수태고지'를 통해 신화 속의 언어의 힘에 대해 말해 보자. 성경을 신화학자들의 눈을 통해 바라보는 것이니까 종교적인 믿음의 관점으로 생각하지 말기 바란다.

'수태고지'는 영어로 'Annunciation'이라고 부르는데 '알리다'라는 의미의 라틴어 'Annuntiare'에서 유래한 말이다. 무엇을 알려주었다는 것일까? 바로 동정녀 마리아에게 수태 사실을 천사 가브리엘을 통해 알려 주었다는 말이다. 가브리엘 천사는 이슬람의 코란에도 등장한다. 마호메트에게 성령을 전달해 준 천사이기도 하다. 이슬람과 기독교가 같은 천사를 공유한다는 사실 자체가 충격적이지 않은가? 다시 수태고지 이야기로 돌아가 보자.

야훼 하느님은 마리아에게 말씀을 통하여 새로운 생명이 잉태될 것이라고 말한다. 마리아가 그 말씀에 복종하는 순간 자궁 속에는 생명이 잉태된다. 야훼의 말씀이 육화(肉化) incarnation되는 순간이다. 이렇듯 다른 신화의 경우처럼 입을 통해 나온 언어는 실재(實在)가 된다. 언어가 신화에서 가지는 창조의 힘이 다시 한번 발휘되는 순간이다.

창조의 수단 중 언어만큼 절대적이고 효과적인 것도 없을 것이다. 그렇기 때문에 고대 신화에서 천지 및 생명을 창조할 때 언어의 힘을 빌리는 것이다. '사자의 서'에서 두아트를 지나는 아니를 생각해 보자. 그는 지하 세계의 괴물들을 '사자의 서'의 도움으로 물리친다. 그런데 그 방법은 특별한 아이템을 사용하는 것이 아니라 주문의 힘으로 모든 악을 물리친다. 언어는 창조의 수단이기도 하지만 악을 사멸하게 하는 신비의 힘도 가지고 있음을 알 수 있다. 결국 신화는 그 시작인 천지창조부터 그 끝인 생명의 종말에 이르기까지 언어의 힘을 통해 생명력을 유지하고 있음을 알 수 있다.

지모신(地母神)을 누른 천부신(天父神)

그리스 신화에서 천지창조는 카오스에서 시작되었다고 했다. 그리고 최초의 신들은 만신의 어머니 가이아에서 나왔다. 괴물3형제와 타이탄 신들이 그들이다. 여기까지는 가이아로 대변되는 지모신이 신화의 주인임을 말하고 있다.

이 신화에서 지모신 가이아는 남성신 크로노스에 의해 제거되고 남성신의 시대가 열린다. 하지만 크로노스는 아내 레아의 계략에 빠져 돌덩어리를 삼키고 결국 쫓겨난다. 레아가 남편 제거를 아들과 공모했다는 것은 지모신의 역할이 아직 능동적임을 보여준다. 그리고 그 돌덩어리를 옴파로스라고 불렀는데 델피의 신전에 보관했다고 한다.

이러한 변화는 사회 · 역사적인 관점에서 볼 때 가이아를 중심으로 하는 집단에 크로노스와 제우스를 신으로 삼는 집단이 침입함으로써 신들의 계보학이 새롭게 정리되는 사건이 일어났음을 보여준다. 지모신 가이아가 천부신 크로노스에 의해 제거되고, 크로노스는 다시 제우스에 의해 쫓겨나고, 제우스는 다른 신들과 티탄족의 신들을 휘하에 거느린 올림피아 신족(神族)의 제왕이 된다. 이제 가이아와 레아가 제우스의 어머니 신들이 아니라 아내로서 재편성되는 것이다.

천부신이 지모신의 자리를 빼앗은 과정은 델피 신전의 유래를 살펴보면 잘 알 수 있다. 본래 델피 신전에는 '우주의 배꼽'이라 불리는 옴파로스가 모셔져 있었다. 델피란 말은 '델페네'라는 말에서 유래했는데 본래 '자궁'을 뜻하는 말이다. 델피 신전에는 지모신과 그녀를 지키는 큰 뱀이 있었는데, 아폴론이 이 뱀을 활로 쏘아 죽이고 이 신전을 차지하게 된다. 태양신 아폴론이 지모신을 모시는 델피를 접수했다는 것은 가이아에서 시작된 지모신의 시대가 끝났음을 의미한다. 아폴론의 화살은 '남성'을 상징하며, 결국 태양으로 상징되는 천부신이 지모신을 눌렀다는 의미로 볼 수 있다. 아폴론의 승리는 디오니소스에 대한 승리로 볼 수도 있다. 대지와 부활의 상징인 디오니소스를 하늘의 신인 아폴론이 눌렀다는 뜻이다.

왜 네미 숲의 왕은 살해당해야 하는가?

"로마에서 중앙 이탈리아를 향하는 아피아 가도에는 아리키아라는 작은 마을이 있다. 그 마을의 주변에는 네미 Nemi라고 부르는 호수가 있고 호숫가에는 작은 숲이 있다. 로마의 전성 시대에는 이 숲이 휴양지와 성지였다. 그런데 이 숲에는 사냥과 농업의 신, 그리고 해산의 신인 다이아나의 신전이 있다. 그 신전에는 다이아나와 그의 연인 비르비우스가 함께 모셔져 있다.

어떤 전설에 의하면 비르비우스는 그리스의 영웅 히폴리토스로서 신의 노여움을 받아 살해당한 것을 다이아나가 부활시켰다고 한다. 원래 비르비우스는 사제왕으로서 네미의 숲가에 살았다고 한다. 그의 직무는 다이아나 신전을 지키고 숲에서 자라는 노란 '황금가지'의 신단목을 지키는 일이었다고 한다.

이를 지키는 사람을 네미 숲의 왕 Rex Nemorenis이라고 불렀는데, 그는 비록 인간이지만 신처럼 숭앙되었다고 한다. 그는 또한 다이아나의 연인으로서 그가 보호하는 신단목의 영혼으로 생각되기도 하였다. 그런데 신기한 것은 이 숲의 왕이 되려는 자는 이전의 왕을 살해함으로써만 왕권을 얻게 된다는 사실이다. 따라서 숲의 왕은 왕권 뿐만 아니라 자신의 생명을 지키기 위해 무기를 들고 숲을 지켜야 했고 침입자가 나타나면 목숨을 걸고 싸웠다고 한다. 그러나 강력한 침입자가 나타나 약한 왕을 죽이고 황금가지를 꺾으면, 그는 다이아나의 새 연인이 될 뿐만 아니라 숲의 왕이 되었다고 한다."

위의 신화에서 왜 네미 숲의 왕은 살해당해야 하는지, 그리고 새 왕이 되려는 자는 왜 황금가지를 꺾어야 하는지에 대해 생각해 보자. 그리고 그러한 행동은 다이아나와 어떤 관계가 있는 것일까?

사제왕인 네미 왕의 살해를 신화학자 프레이저는 풍요신화에서 그 답을 찾았다. 풍요신화란 무엇인가? 농경 사회의 대표적인 신화가 풍요신화이다. 자연의 순환은 씨앗에서 싹이 나고 꽃이 핀 다음 열매를 맺고 스러져 가는 순서를 반복한다. 풍요 신화에서 보면 겨울은 죽음의 계절이다. 그렇지만 그 전에 땅 속에 묻혔던 씨앗에서 새로운 싹, 즉 생명이 자라난다. 이러한 자연의 순환을 신화로 상징화한 것이 풍요신화다. 대표적인 풍요신화들을 보자.

(1) 메소포타미아 신화에서 금성의 신 인안나가 저승세계로 내려간다. 생식의 신인 인안나가 저승으로 내려가자 모든 생물들은 생식을 중단하고 지상은 풍요를 상실한다. 결국 인안나는 이승으로 귀환하고 다시 지상은 풍요를 되찾게 된다. 인안나 대신 죽음을 맞이한 두무지는 부활의 상징이요, 죽음에서 새로운 생명의 탄생을 노래한다.

(2) 아도니스 신화도 풍요신화의 전형이다. 그리스 신화에서 아도

니스는 아프로디테의 연인으로 나타난다. 아도니스가 죽자 여신은 그의 죽음을 애통해 한다. 아도니스의 피로부터 피어난 아네모네는 봄을 알리는 아도니스의 부활을 상징한다. 따라서 아도니스는 봄을 통하여 재생하는 봄의 전령이요, 새 생명의 전주곡인 셈이다.

(3) 이집트 신화에서 배웠던 오시리스의 죽음과 부활도 풍요신화의 범주에 속한다. 오시리스의 죽음은 부활로 대치되고, 그는 저승세계의 지배자로 재탄생한다. 고대 이집트가 농경 사회였고 그 으뜸신이 오시리스였는데, 오시리스의 죽음과 부활은 겨울을 지내고 새롭게 태어나는 생명을 상징한다.

(4) '두번 태어난 자'라는 의미의 디오니소스도 비극적 신들처럼 죽었다가 부활하는 식물의 신이다. 디오니소스가 불의의 죽음을 당하자 그의 피로부터 석류꽃이 피어난 것도 생명의 부활을 상징한다.

이러한 신화들은 모두 농경의 신화요, 풍요의 신화다. 신이 죽은 계절이면 대지는 황무지가 되고, 신이 재생하는 계절이면 다시 풍요로 변한다. 대지가 풍요를 유지하기 위해서 신은 재생되어야 하고, 재생되기 위해서 죽어야 한다. 이러한 모티브를 표현하고 있는 것이 풍요신화의 내용이다.

그렇다면 네미 숲의 왕은 왜 황금가지를 꺾어야 하는가? 번개를 맞은 나무가 신적 힘을 갖는다고 생각하는 것은 주술에 근거한 오래된 믿음이다. 하늘과 폭풍의 신인 제우스가 번갯불을 던지면 황금가지는 제우스의 힘을 상징한다. 따라서 네미 숲의 왕은 황금가지를 꺾음으로써 제우스의 힘을 소유하는 것이다.

그렇다면 네미 숲의 왕은 왜 죽어야 하는가? 신과 동일화되거나 또는 신을 대변하고 있는 네미 숲의 왕은 풍요의 표상이다. 신이 죽지 않는다면 재생될 수 없고, 재생의 결과인 풍요도 달성될 수 없다. 마찬가지로 네미 숲의 왕이 상처를 입거나 병이 들거나 또는 나이가 들어 약해진다면 대지의 풍요도 담보할 수 없다. 따라서 신이 죽음을 통하여 재생하듯이 네미 숲의 왕도 황금가지를 꺾은 새로운 왕에 의해서 정기적으로 대치되어야 한다. 계절과 함께 죽고 재생하는 풍요신화의 드라마가 네미 숲의 왕을 통해 재현되는 것, 이것이 네미 숲의 왕이 왜 살해되어야 하는지에 대한 답이다.

신화의 단골 메뉴, 복수

몇 년 전 인기를 끌었던 드라마 '아이리스'도 결국 복수의 주제가 시청자들을 TV앞에 모이게 했다. 물론 배우들이 좋아서 이 드라마에 빠진 사람도 있겠지만... 영화의 주제 중에서 복수는 늘 단골 테마이다. 박찬욱 감독의 복수시리즈 세 편이 그 대표적인 영화들인 것처럼.

복수 이야기는 우리 인간들만의 것은 아니다. 우리가 생각하는 자애롭고 근엄한 신들도 인간처럼 복수의 화신이 되어 철저한 응징을 하기도 한다.

니오베라는 여인이 있었다. 지아비가 잘난 것도 니오베의 자랑이었지만 그녀에게는 정말 잘난 아들과 딸들이 있었다. 하루는 니오베가 아폴론과 아르테미스의 어머니인 레토 여신을 빗대어 이런 말을 했다.

> "내가 레토 여신보다 못한 것이 무엇이냐? 레토 여신이 나보다 자식이 많더냐?"

이 말은 레토 여신의 귀에도 들어갔다. 그리고 그녀는 자식인 아폴론과 아르테미스에게 이 말을 전했다. 아폴론과 아르테미스가 누구인가? 두 신 모두 결혼을 하지 않아서 그런지 한 성미 하는 신들이 아닌가? 게다가 이들의 화살은 빗겨가는 법이 없다. 결국 두 신은 지상에 내려와 니오베의 자식들을 하나씩 화살로 쏴서 죽인다.

아폴론이 니오베의 일곱 아들을 화살로 쏘자 모두 땅에 고꾸라지고 만다. 니오베와 일곱 딸들은 아들과 오빠들의 관에 모여 통곡을 한다. 그러나 니오베의 교만은 여기에서 끝나지 않았다. 그녀는 아직 남은 자식들이 레토 여신의 자식보다 더 많다고 저주를 퍼부었던 것이다. 그러자 이번에도 화살이 날아왔다. 니오베의 딸들은 오빠들의 관에 피를 토하고 죽어갔다.

결국 마지막 딸만 남았다. 니오베는 그 때야 자신의 잘못을 뉘우치고 레토 여신에게 울부짖듯 애원했다.

> "이 아이는 14남매의 막내이니 이것 하나만이라도 남겨주세요. 죽은 아이들이야 죽었으니 그 뿐, 이 어린 것 하나만 부탁합니다."

그러나 니오베의 간청에도 불국하고 이 아이 역시 땅바닥에 고꾸라졌다. 이 광경을 본 니오베의 몸은 온통 굳어져 가고 있었다. 고개를 돌릴 수도 없고 팔이나 다리를 움직일 수도 없었다. 온 몸이 돌처럼 굳어버린 것이다. 그런데도 니오베는 여전히 울고 있었다...

신들에 대해 교만을 부린 인간에 대한 벌을 얘기하는 신화 이야기다. 우리의 동양적인 정서에 비추어 보면 어린 자식 하나쯤은 살려 줄 법한데 서양 신화는 피도 눈물도 없다.

이집트 신화에서 가장 막강한 여신은 누구일까?

"오시리스가 하계로 간 뒤 사악한 세트는 여전히 왕좌에 앉아 있었다. 그러나 어른이 된 호루스는 아버지 오시리스의 복수를 하기 위해 숙부에게 도전했다. 양자 간에는 긴 싸움이 벌어지는데, 호루스는 눈알 하나가 뽑히지만 결국 세트를 거세시키고 죽인다. 신들에게 승자로 인정받은 호루스는 이집트의 왕이 되고, 세트는 하늘로 올라가 폭풍의 신이 되었다.

세트를 몰아낸 호루스는 죽은 영혼들의 왕이자 안내자가 되었고, 결국에는 파라오의 보호자까지 되었다.(그래서 파라오가 사용한 여러 가지 호칭 중에서 '살아있는 호루스'도 있다.) 이집트인들은 파라오가 죽으면 하계의 신인 오시리스가 된다고 생각했다.

매년 반복적으로 일어나고 영원히 계속될 것 같은 나일강의 범람 패턴을 바탕으로 만들어진 이 신화는 이집트 역사에서 핵심 신화로 자리 잡게 되었다. 오시리스는 성장과 생명을, 세트는 죽음을 상징한다. 식물의 생장과 창조의 힘 — 오시리스와 이시스, 그리고 호루스로 상징된다 — 은 세트로 상징되는 사막의 사악한 힘에 승리를 거둔다. 그러나 오시리스가 이시스의 도움을 받아 죽음에서 부활할 수 있었다는 사실이 중요하다. 이집트인은 만약 오시리스가 죽음을 극복할 수 있다면, 사람 역시 그럴 수 있다고 믿었다.

오랜 세월이 지나면서 신비스러운 이시스는 이집트 만신전에서 가장 중요한 여신이 되었다. 그녀는 어머니 신이자 치유자였으며, 동시에 마법과 성적 능력에 대한 심오한 지식을 가진 막강한 여신으로 부활했다. 전설에 따르면 이시스는 늙은 라Ra를 속여 그의 비밀 이름들을 털어놓게 했다. 이시스는 마법으로 만든 뱀에게 라를 물게 한 다음, 그 이름들을 모두 말하게 하고 나서야 상처를 치유해 주었다. 이집트어로 이시스라는 이름은 '왕좌'라는 단어와 관련이 있으며, 이집트 미술에서 이시스를 왕좌로 묘사할 때가 종종 있다.

그리스 신화에서 이시스는 데메테르(대지의 여신 또는 곡물의 여신)와 동일시 되며, 로마 제국 시대에 들어서는 더 큰 인기를 누리게 된다. 로마 제국 방방곡곡에 이시스를 숭배하는 신전이 세워졌는데, 심지어 오늘날의 런던 거리 밑에서도 하나가 발견되기도 한다. 이집트 미술에서 가장 많이 등장하는 주제—어린 호루스에게 젖을 먹이는 어머니 이시스의 이미지—는 훗날 초기 그리스도교가 성모 마리아를 표현하는 데 사용되었다. 성모 마리아가 입고 있는 전통적인 파란색 드레스와 스텔라 마리스 Stella Maris('바다의 별'이란 뜻)라는 칭호와 하느님의 어머니라는 언급, 그리고 마리아와 연관된 초승달 상징은 모두 로마 시대의 이집트 숭배 의식에서 차용한 것이다.

케네스 데이비스가 지은『세계의 모든 신화』에 나오는 내용이다. 이시스와 세트의 대립은 레비스트로스가 설명한 이항 대립의 전형이라고 볼 수 있다. 그리고 우리가 알고 있는 성모 마리아의 숭배 의식도 멀리 이집트의 이시스 숭배에까지 이어져 있음을 알 수 있다. 이렇듯 수천 년 전의 신화는 지금도 우리의 정신 세계와 불가분의 관계에 있다고 말할 수 있다.

고대 메소포타미아인들에게 감사하라!

금요일 저녁에 술집으로 들어가 시원한 맥주를 주문하고는 친구에게 '별자리'가 무엇이냐고 묻는 일이 생기거든, 잠시 딴 생각을 멈추고 고대 메소포타미아인들에게 고마움을 표시하라.

역사의 여명기에 고대 메소포타미아인들은 1주일과 맥주, 점성술을 발명했다. 1시간 동안 맥주를 천천히 마신 다음 누군가의 이름과 전화번호를 메모하고는 차를 몰고 집으로 돌아온다면, 고대 메소포타미아인이 60분으로 이루어진 시간, 세계 최초의 문자, 그리고 바퀴도 발명했다는 사실에 감사를 표해야 할 것이다. 이런 목록은 거기서 끝나지 않는다. 고대 메소포타미아는 토기와 시, 범선, 학교 제도의 발전을 이끌어낸 아주 특별한 곳이었다. 그들은 원의 내각을 360도로 정하고, 일식과 월식을 예측하는 공식을 만들고, 오늘날에도 학생들을 괴롭히고 있는 분수와 제곱, 제곱근 같은 수학 개념도 만들어 냈다.

고대 메소포타미아 문명을 일구어낸 수메르인들은 멋진 신화 뿐만 아니라 인류 문명의 발달에 초석을 놓은 사람들이었다. 그런데 이들은 그 뒤 감쪽같이 사라졌다. 지금도 그들의 행방에 대해서는 알려진 것이 없다. 독창적인 신화의 주인공들답게 한 순간에 역사에서 사라졌다. 마치 신화 속의 주인공들처럼…

p.s. 어떤 학생들은 역설적으로 '고대 메소포타미아인들이 없었으면 골치 아픈 수학도 안 배웠을텐데…'라고 생각할지도 모른다.

아버지와 아들의 대화

"어디 갔었느냐?"
"아무 데도 가지 않았어요."
"아무 데도 가지 않았다면, 왜 집에서 빈둥거리고 있지? 학교에 가고 너의 '학교의 아버지' 앞에 서고, 너의 과제물을 암송하고, 너의 책보를 열고, 너의 점토판에 필기를 하고, 너의 '큰 형제'가 새 점토판에 너를 위해 써주도록 해라. 너의 과제를 끝내고, 너의 감독관에게 보고한 뒤 나에게 와라. 그리고 거리에서 방황하지 마라. 내가 한 말을 알아듣겠느냐?"
"알아요, 나중에 말씀드릴께요."
"얘야, 지금 말해라."

"나중에 말씀드릴께요."
"어서 말해라."
"학교에 가고 (. . .) 저의 감독관에게 보고한 뒤에는 아버지께 와야 합니다. 아버지는 그렇게 저에게 말씀하셨습니다."
아버지는 이제 한참을 혼자서 말한다.

"얘야, 이제 철 좀 들어라. 공공장소에서 서성거리거나 길에서 배회하지 마라. 길을 걸을 때는 주위를 두리번거리지 마라. 너의 감독관 앞에서는 겸손하게 굴고, 어려워함을 보여라. 네가 두려워하면, 감독관은 너를 좋아하게 될 것이다."

. . . . . [15행 가량이 파손되었음]
. . . . . [15행 가량이 파손되었음]

고대 수메르인들의 일상을 보여주는 점토판에 적힌 내용이다. 메소포타미아 신화의 주인공들이다. 지금부터 3,700년 전에 제작된 17점의 점토판에는 아버지와 아들 사이에서 오간 대화가 적혀 있다. 오늘날 오가는 부자간의 대화와 크게 다르지 않죠? 고대 이집트의 벽화에는 이런 말이 낙서로 적혀 있다고 한다.

'요즘 아이들 버릇없다'고. . .

수천 년 전의 살던 사회의 모습과 사람들의 생각은 지금과 크게 다르지 않는 것 같다.

신화는 살아 있다!

공항 구역 중에 '검역'이라고 적힌 곳이 있다.
전공이 언어이다 보니 검역을 영어로 뭐라 하는지 궁금해진다.
'검역'이라는 단어 밑에는 영어로 'Quarantine'라고 적혀 있다. 그런데 도대체 단어의 뜻이 머릿속에 들어오지 않았다. 프랑스어의 'quarante'라는 단어와 너무 비슷했기 때문이었다. 게다가 'quarante'란 말은 프랑스어로 '40'을 의미한다. '40'과 '검역'이 무슨 관계람?!

아마 눈치 빠른 학생들은 '40'이라는 숫자에 주목했을 것이다.

중세 서양에서는 30일간 배를 격리시켜 전염병의 확산을 막았는데
이 기간이 나중에 40일로 늘었다고 한다.
'40'이란 숫자는 메소포타미아 신화에 나오는 엔키의 숫자이자 정결의 숫자이다.
물론 서양 사람들은 모세가 방황하던 40년 혹은
예수가 40일 동안 기도와 금식을 한 것에서 비롯됐다고 생각할 것이다.
신화는 이렇게 지금도 우리 주변에 살아 있다.

Passengers Quarantine

Quarantine Inspection

Thermal Screening
Passengers are required to pass, one by one, through an infrared thermal image camera at the quarantine desk to screen their health status.

▶공항을 통과하는 승객들이 검역소를 지나고 있다. 검역소의 이름은 '40일 검역'. 우리는 지금도 엔키의 관문을 통과하고 있다.

신화 여행을 마치고

'모든 신화 이야기는 같은 이야기를 하고 있지 않다'라고 말한 구조인류학자 레비스트로스의 말처럼 지금까지 살펴본 세계 각국의 신화는 수천 조각으로 쪼개진 파편들의 집합일지 모른다. 다시 말해 레비스트로스의 말처럼 모든 신화는 같은 이야기를 하지 않지만 그 신화들을 종합해 보면 신화의 본질을 이해할 수 있다는 말이다.

저승 세계에 내려가는 헤라클레스와 인안나, 홍수 신화, 인간의 창조, 세계의 종말 등, 신화에 등장하는 유사한 모티프는 영원히 반복되고 있음을 알 수 있다. 그런 점에서 융의 집단 무의식은 신화의 이해에 많은 도움을 주는 것이 사실이다.

신화학자 캠밸은 신화를 '삶의 경험'이라고 정의했다. 이 말은 신화는 인류가 다양한 환경에서 살아온 흔적을 그대로 담고 있는 '유기체'라는 의미일 것이다. '유기체'라는 용어를 사용한 이유는 신화는 과거 수만년 전부터 끊임없이 변형을 거듭해오고 있기 때문이다. 그렇지만 현대인들은 신화는 죽었다고 단언한다. 정말 신화는 그 오랜 생명의 끈을 놓았을까?

앞으로 인류가 걸어갈 방향에 대한 제시는 과거 인류가 걸어온 길을 확인하고 이해한 뒤에야 비로소 가능하다. 그런 맥락에서 신화는 비록 지금은 잠시 휴면중일지 모르지만 인류가 기대야 할 최후의 안식처일지 모른다.

끝으로 종교학자 나카자와 신이치의 『곰에서 왕으로 : 국가, 그리고 야만의 탄생』에 소개된 일본 작가 미야자와 겐지의 글을 통해 '신화적 사고' 에 대해 생각해 보자.

"예전에는 인간과 동물 사이에 대칭 관계가 성립되어 있었다. 물론 인간이 기술력에서 우월하기 때문에 아무리 애를 써도 대칭성이 실현될 수는 없겠지만, 아직 따뜻한 마음을 잃지 않은 인간들은 신화나 제의를 통해서 인간과 동물과의 대칭 관계를 회복시키려는 노력을 거듭해왔다. 그런데 최근 들어서 인간들은 그런 신화적 사고를 우습게 여기기 시작했다. 신화로부터 벗어나는 것이 진보라는 식으로 떠들어대다가, 결국 동물에 대한 인간의 지배를 자연의 섭리인 것처럼 생각하게 되고 말았다. 우리는 예전과 같은 동물과 인간과의 대화의 부활을 요구한다. 인간과 동물이 서로 모여서 지구상의 모든 생명체가 발언권을 가지는 회의를 열어야 한다고 우리는 생각한다. 그러다 대부분의 인간들은 동물들이 비명(悲鳴)과 같은 메시지를 아무리 보내도 전혀 들으려고 하지 않았다. 하는 수 없이 우리는 약자에게 남은 유일한 수단인 테러를 실행에 옮기기로 했다. 테러가 정당하지 못한 수단이라는 것쯤은 우리도 잘 알고 있다. 그러나 우리가 그럴 수밖에 없도록 만든 인간들이 하고 있는 짓은 더욱 더 나쁘다. 이제는 인간들은 용서받기 힘든 '야만에' 빠져들었다…"

이 글에서 '우리'는 백곰들이다. 단지 내기에 이기기 위해 여우 900마리를 죽여 모피를 얻는 인간들, 그런 인간들로 가득 찬 배링행 기차에 백곰들이 올라 타 경고성 메세지를 '인간'들에게 보내는 장면이다. 그런데 지금도 국제 사회에서 '인간 백곰'들의 절규가 끊이지 않고 있는 것은 우리가 신화적 사고를 버렸기 때문일까?